Wahrnehmung

Alexander Maier

Phänomen Reizbarkeit 1

Die Reizbarkeit der Lebewesen beruht auf der Erregung von Zellen.

1: Volleyball

Beim Volleyballspielen schauen wir zum Ball, hören die Mitspieler, spüren den Boden und versuchen, den Ball im richtigen Moment zu treffen. Für ein erfolgreiches Spiel sind eine schnelle Wahrnehmung und eine exakt koordinierte Reaktion vieler Muskeln erforderlich. Es gibt viele weitere Situationen, in denen ein schnelles Reaktionsvermögen wichtig ist. Sie werden durch das Nervensystem ermöglicht.
Doch auch Lebewesen ohne Nervensystem reagieren auf Reize. Das Reagieren auf Reize, die *Reizbarkeit*, ist ein Kennzeichen aller Lebewesen.

Was ist ein Reiz?

Im Gegensatz zur umgangssprachlichen Bedeutung machen Reize Lebewesen nicht „gereizt". Reize haben in der Biologie vielmehr eine neutrale Bedeutung: Man versteht darunter einen Umwelteinfluss, der von außen oder auch von innen auf ein Lebewesen einwirkt. Welche Folgen ein Reiz hat, hängt von den Prozessen ab, die durch den Reiz im Lebewesen ausgelöst werden. Der Warnruf eines Murmeltiers erzeugt in einem hungrigen Steinadler, der über ihn segelt, ganz andere Reaktionen als in Murmeltieren am Boden, die den Ruf ebenfalls gehört haben.

Reize sind nur solche Umwelteinflüsse, die in Lebewesen Reaktionen auslösen.

Da Lebewesen über sehr unterschiedliche Sinneszellen verfügen, nehmen sie auch unterschiedliche Bereiche der Umwelt wahr. Unsere Netzhaut registriert Licht im Wellenlängenbereich zwischen 400 nm und 800 nm. Dieser Bereich des elektromagnetischen Spektrums wird daher sichtbares Licht genannt. Honigbienen sehen kein langwelliges Licht, das wir als rotes Licht wahrnehmen, dafür jedoch UV-Strahlung, die wir nicht registrieren können.
Fledermäuse können Ultraschall hören und können sich damit orientieren. Das Grubenorgan der

Klapperschlange registriert sehr geringe Temperaturunterschiede in der Umgebung. So kann sie eine Maus selbst in völliger Dunkelheit aufspüren. Bei Pflanzen wächst der Spross dem Licht entgegen und die Wurzel entlang der Schwerkraft nach unten. Es gibt auch Einzeller, die Licht registrieren können und sich zum Licht hinbewegen. Selbst Bakterien reagieren auf verschiedene chemische Stoffe, Temperatur und manche sogar auf Magnetismus.

Was ist eine Erregung?

Reiz und Erregung sind klar zu trennen. Wenn wir die Beziehung von beiden Begriffen näher betrachten wollen, müssen wir von der Ebene des Organismus auf die Ebene der Zelle wechseln. Reize werden nicht weitergeleitet. Ein Reiz ist nur ein Einfluss, der in speziellen Zellen Prozesse auslöst, die zu einer Erregung führen. Eine Erregung ist ein vorübergehender elektrischer Prozess an der Zellmembran.

An der Zellmembran lässt sich im Ruhezustand eine gleichbleibende Spannung (→ S. 7) messen. Dieses sogenannte Ruhepotenzial stellt den Ausgangszustand für eine Erregung dar (→ S. 6). Die Aufrechterhaltung des Ruhepotenzials erfordert ständige Energiezufuhr (→ S. 10).

Bei einer Erregung wird die Spannung an der Membran kurzfristig verändert (→ S. 12). Erregungen treten vor allem bei Sinneszellen, Nervenzellen und Muskelzellen auf. Dabei erfüllen diese Zellen unterschiedliche Funktionen. Sinneszellen produzieren Erregungen, Nervenzellen leiten diese weiter und Muskelzellen reagieren auf ankommende Erregung mit Kontraktion.

Sinneszellen reagieren auf Reize von außen. Sie ermöglichen die Orientierung in der Umwelt und werden daher auch Sensoren genannt. Da Honigbienen andere Lichtsinneszellen als wir haben, können sie ein anderes Lichtspektrum wahrnehmen.

Das Zusammenspiel von Sinneszellen, Nervenzellen und Muskelzellen ermöglicht eine schnelle Reaktion auf Reize. Allgemein spricht man vom Reiz-Reaktions-Schema (Abb. 2).

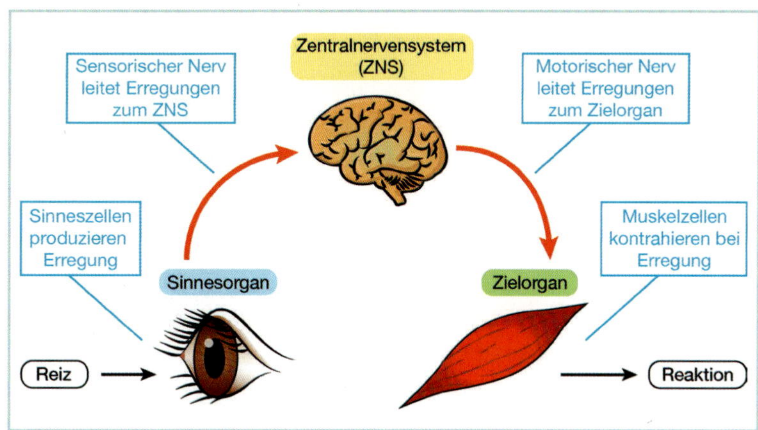

2: Grundlegend für das Reiz-Reaktions-Schema sind Erregungen in Sinneszellen, Nervenzellen und Muskelzellen.

WÖRTER UND BEGRIFFE

Reiz und Erregung

Sowohl der Reiz als auch die Erregung enthalten keine Information im Sinne einer festgelegten Bedeutung, sondern stellen jeweils nur die Veränderungen eines Zustandes dar. Während der Reiz eine Temperaturänderung, ein Schallereignis oder ein Lichtstrahl sein kann, sind die Erregungen immer Veränderungen des elektrischen Zustands der Zellmembran. Erst im Gehirn wird durch die Entschlüsselung von Erregungen eine Information erzeugt und dem auslösenden Reiz zugeordnet.

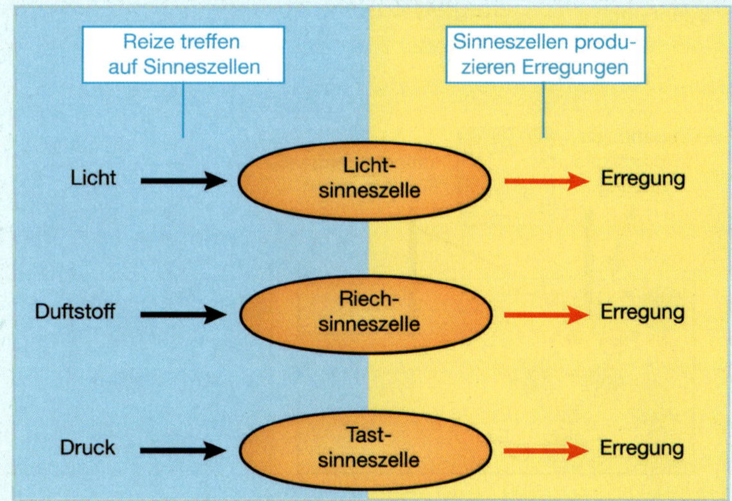

3: Beziehung zwischen Reizen und Erregung

Bei lebenden Zellen besteht an der Membran eine elektrische Spannung.

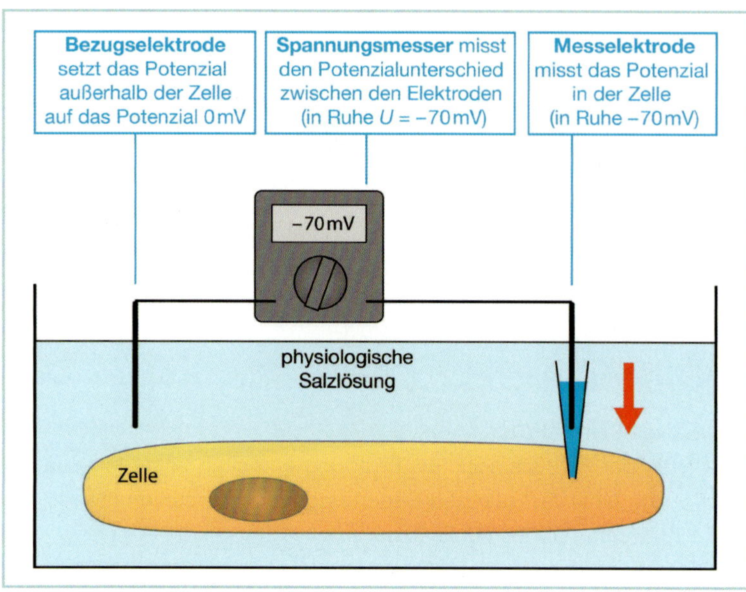

1: Zwischen dem Zellinneren und der Umgebung lässt sich eine Spannung messen.

Bei allen lebenden Zellen lässt sich an der Zellmembran eine Spannung messen, das sogenannte Membranpotenzial (Abb. 1). Im nichterregten Zustand spricht man von Ruhespannung oder Ruhepotenzial.

Eigenschaften der Zellmembran

Das Membranpotenzial hängt von zwei Eigenschaften ab. Zum einen ist die Zellmembran nur für bestimmte Ionen durchlässig. Diese Eigenschaft nennt man selektive Permeabilität. Zum anderen bestehen an der Membran für verschiedene Ionen große *Konzentrationsunterschiede*. Beispielsweise ist die Zellmembran von Nervenzellen für Kaliumionen (K^+) durchlässig und die Konzentration der Kaliumionen im Zellplasma viel höher als in der extrazellulären Flüssigkeit.

Ursache der Spannung an der Membran

Wie durch die selektive Permeabilität und den Konzentrationsunterschied eine Spannung entsteht, zeigt folgendes Modellexperiment (Abb. 2). Füllt man zwei Kammern mit destilliertem Wasser und trennt sie durch eine Membran, die nur positiv geladene Ionen (Kationen) durchlässt, kann man zwischen den Kammern keine Spannung messen. Da keine Ladungsunterschiede bestehen, beträgt die *Potenzialdifferenz* 0 mV.

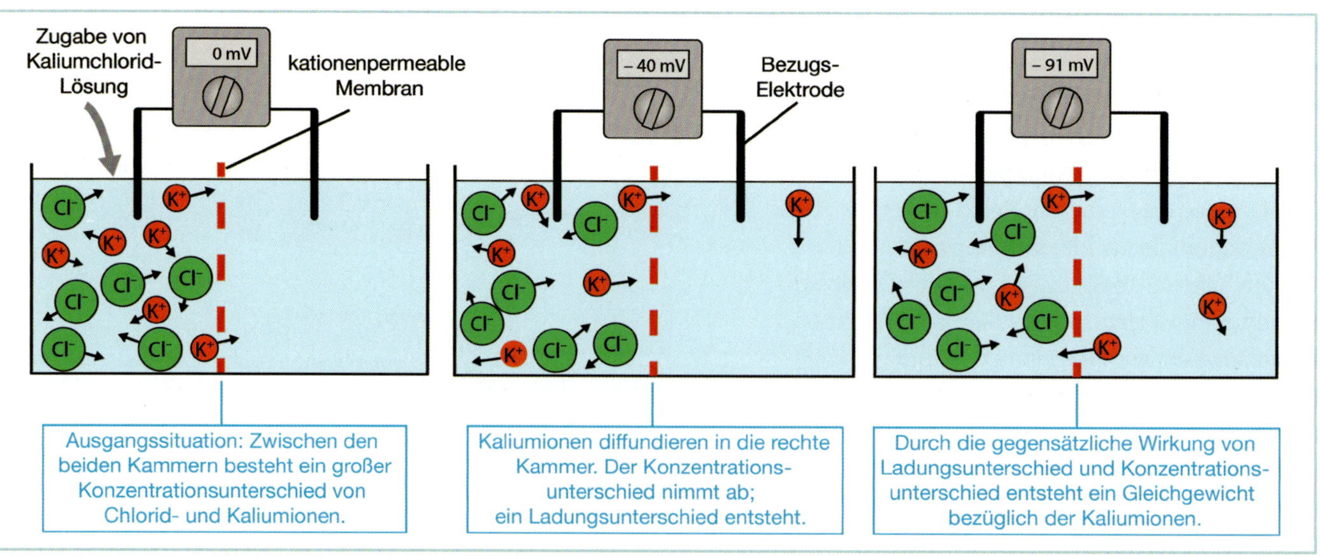

2: Modellexperiment zum Kalium-Gleichgewichtspotenzial

Gibt man in die linke Kammer etwas Kaliumchlorid, bleibt die Potenzialdifferenz zunächst bei 0 mV (Abb. 2, links), da die Kammer eine elektrisch neutrale Kaliumchlorid-Lösung enthält. Nach kurzer Zeit misst man jedoch eine elektrische Spannung, die langsam ansteigt (Abb. 2, Mitte) und schließlich einen konstanten Wert erreicht (Abb. 2, rechts). Dies lässt sich auf molekularer Ebene so verstehen: Die Membran lässt nur Kationen durch (hier Kaliumionen), aber keine Anionen (hier Chloridionen). Die Kaliumionen gelangen aufgrund der Wärmebewegung durch die Membran. Die Bewegung der Teilchen ist ungerichtet und erfolgt in beide Richtungen (*Diffusion*). Solange in der linken Kammer mehr Kaliumionen vorliegen, ist es wahrscheinlicher, dass Kaliumionen nach rechts diffundieren als umgekehrt. Der Konzentrationsunterschied bewirkt also in der Summe einen Ausstrom von Kaliumionen aus der linken Kammer (Abb. 2, Mitte). Dies müsste irgendwann zum Konzentrationsausgleich führen. Dieser Konzentrationsausgleich wird aber nie erreicht, weil vorher ein zweiter Effekt auftritt. Die Diffusion von Kaliumionen in die rechte Kammer führt dazu, dass die rechte Kammer zunehmend positiv geladen wird, während die linke Kammer negativer wird. Kaliumionien werden dann von der linken Kammer elektrisch angezogen und von der rechten Kammer abgestoßen. Diese elektrischen Kräfte wirken der Diffusion entgegen. Irgendwann heben sich die Wirkungen der beiden Effekte auf und es fließen gleich viele Ionen in beide Richtungen (Abb. 2, rechts). Bei einer bestimmten Spannung stellt sich ein Fließgleichgewicht der Kaliumionen ein. Man spricht vom Gleichgewichtspotenzial der Kaliumionen.

Einflussfaktoren auf die Spannung

Ein Membranpotenzial entsteht immer dann, wenn Konzentrationsunterschiede für Ionen bestehen und die Membran selektiv permeabel ist. Für eine einzelne Ionensorte hängt die Höhe des Gleichgewichtspotenzials allein vom Konzentrationsunterschied ab. Wenn die Membran jedoch für mehrere Ionen durchlässig ist, summieren sich die Membranpotenziale der einzelnen Ionen in Abhängigkeit von deren Permeabilität.

WÖRTER UND BEGRIFFE

Spannung und Potenzial

Eine Batterie hat zwei Pole, zwischen denen eine elektrische Spannung besteht. In der Physik versteht man unter einer elektrischen Spannung eine *Potenzialdifferenz*. Bei einer handelsüblichen Batterie beträgt die Potenzialdifferenz 1,5 V. Wenn man dem Minuspol als Bezugspunkt das Potenzial 0 V zuordnet, liegt der Pluspol auf dem Potenzial +1,5 V. Obwohl die Einheit Volt eigentlich für Potenzialdifferenzen definiert ist, wird sie in diesem Fall für das Potenzial eines Pols verwendet.

Ähnlich ist auch der Sprachgebrauch bei der Membran. Üblicherweise wird das elektrische Potenzial des Zellplasmas in Millivolt angegeben und die extrazelluläre Flüssigkeit als Bezugspunkt gewählt (0 mV). Entsprechend wird die Spannung an einer Membran als Membranpotenzial bezeichnet. Beispielsweise bedeutet ein Membranpotenzial von –70 mV, dass an der Zellmembran die Spannung –70 mV anliegt und das Zellplasma gegenüber der Umgebung negativ ist.

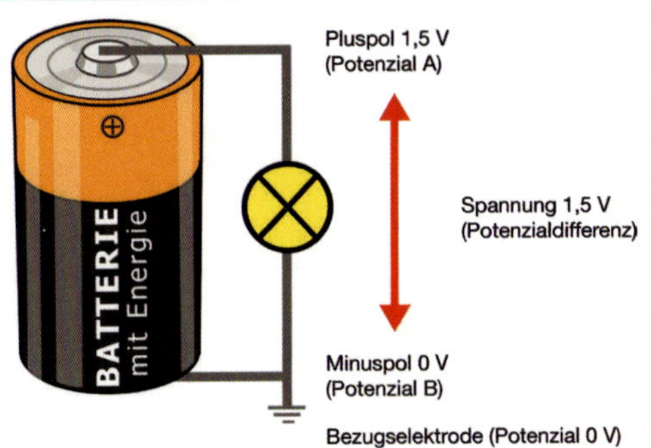

Je größer die Permeabilität für eine bestimmte Ionensorte ist, desto stärker wirkt sich deren Gleichgewichtspotenzial auf das gesamte Membranpotenzial aus (→ Seite 10).

AUFGABEN

1 Erklären Sie, dass das Ruhepotenzial konstant bleibt, obwohl ständig Ionen durch die Membran fließen.

2 Erläutern Sie mit dem Modell in Abb. 2, wie die Spannung an der Membran von der Konzentration der Kaliumchlorid-Lösung abhängt.

3 Stellen Sie eine Hypothese auf, welche Spannung sich im Modell in Abb. 2 einstellen wird, wenn in die rechte Kammer die gleiche Menge Kaliumchlorid zugegeben wird.

Lösungen als Download 

Die Aufrechterhaltung des Membranpotenzials erfordert Energie.

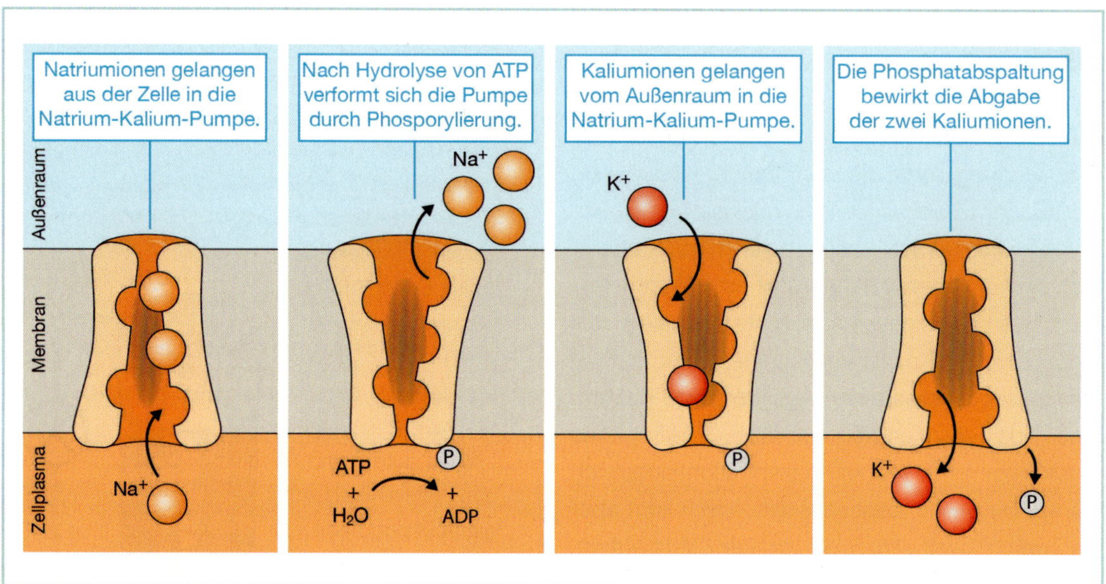

1: Die Natrium-Kalium-Pumpe transportiert Na^+- und K^+-Ionen gegen deren Konzentrationsunterschiede durch die Zellmembran. Die dafür notwendige Energie wird durch die Hydrolyse von ATP bereitgestellt.

An toten Zellen lässt sich kein Membranpotenzial messen. Dies liegt daran, dass die Konzentrationsunterschiede an der Membran nur unter Energieaufwand erhalten bleiben. Ohne Energiebereitstellung sinkt das Membranpotenzial auf Null.

Leckstrom der Natriumionen

Die Zellmembran hat eine geringe Permeabilität für Natriumionen (Na^+). Da diese außerhalb der Zelle in viel höherer Konzentration vorhanden sind, kommt es aufgrund des Konzentrationsgefälles zu einem ständigen Einstrom von Natriumionen in die Zelle. Dieser Leckstrom verringert den Ladungsunterschied an der Membran. Dadurch können im Gegenzug Kaliumionen (K^+) die Zelle verlassen. Vereinfacht gesagt, ermöglicht jedes Einströmen eines Na^+-Ions das Ausströmen eines K^+-Ions.

Da keine Gegenspannung entsteht, könnten ständig weitere Natriumionen in die Zelle einströmen, bis für beide Ionen die Konzentrationsunterschiede an der Membran verschwunden wären. Deshalb würde das Membranpotenzial langfristig gegen null gehen. Die lebende Zelle verhindert dies unter Energieaufwand.

Die Ionenpumpe

In der Zellmembran von Nervenzellen gibt es spezielle Proteine, die Natriumionen aus der Zelle hinausbefördern und Kaliumionen in die Zelle hineinbefördern. Diese Ionenpumpe wird vereinfacht Natrium-Kalium-Pumpe genannt (genau genommen ist es eine Na^+-K^+-Pumpe, Abb. 1). Da beide Ionensorten gegen den Konzentrationsunterschied transportiert werden, benötigt die Natrium-Kalium-Pumpe Energie, die durch ATP bereitgestellt wird. Die Hydrolyse eines ATP-Moleküls zu ADP und Phosphat reicht für das Ausschleusen von drei Natriumionen und das Einschleusen von zwei Kaliumionen. Unter Energieaufwand wird das Protein der Natrium-Kalium-Pumpe so verformt (Konformationsänderung), dass es einen Transport der Ionen gegen die Konzentrationsdifferenz erzwingt.

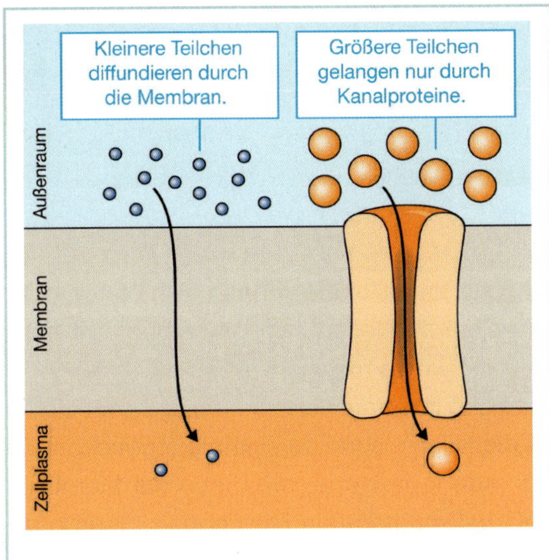

2: Passiver Transport durch eine Membran

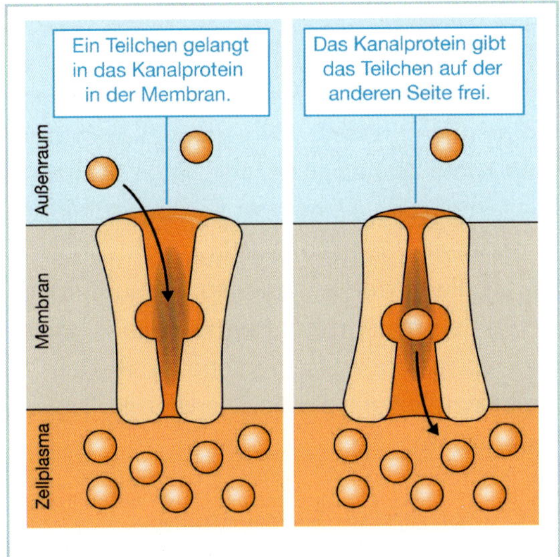

3: Aktiver Transport durch eine Membran

Aktiver und passiver Ionentransport

Immer wenn Ionen gegen ihre Konzentrationsdifferenz durch die Membran transportiert werden, ist dafür Energie erforderlich (Abb. 3). Man spricht daher vom aktiven Ionentransport.
Ein passiver Ionentransport ist nur entlang der Konzentrationsdifferenz möglich. Für den passiven Ionentransport wird die zuvor in der Ionendifferenz gespeicherte Energie genutzt. Dazu genügt dann ein geöffneter Ionenkanal (Abb 2). Die Netto-Bewegung der Ionen erfolgt durch Diffusion.

ANSICHTEN UND EINSICHTEN

Konzentrationsunterschied und Energie

Wenn sich auf den beiden Seiten einer Membran unterschiedliche Konzentrationen von Molekülen oder Ionen befinden, ist in diesem Konzentrationsunterschied Energie osmotisch gespeichert. Diese Energie wird osmotisch übertragen und genutzt, indem die Moleküle oder Ionen von der konzentrierteren Seite (meistens durch Kanäle) durch die Membran strömen und so die Konzentrationsdifferenz ausgleichen oder verringern (Abb. 2). Diesen Transport bezeichnet man als passiv, da er gemäß der Konzentrationsdifferenz durch Diffusion erfolgt und die Zellen dafür keine zusätzliche Energie aufwenden müssen.

Die Konzentrationsdifferenz an einer Zellmembran muss die Zelle hingegen unter Energieaufwand herstellen bzw. aufrechterhalten. Dies gilt beispielsweise für die Differenz von Wasserstoffionen (H^+) bei der Zellatmung und Photosynthese bzw. für das Ruhepotenzial von lebenden Zellen. Dafür ist ein aktiver Transport von Molekülen oder Ionen nötig. Ein aktiver Transport unterscheidet sich von einem passiven Transport dadurch, dass die Moleküle oder Ionen gegen eine Konzentrationsdifferenz durch die Membran transportiert werden (Abb. 3). Für die Veränderung der Kanalmoleküle, die den Transport bewirkt, wird Energie benötigt, die chemisch übertragen wird. Durch die höhere Konzentration auf einer Membranseite wird Energie osmotisch gespeichert.

Aktiver und passiver Transport durch Membranen sind ungünstig gewählte Fachwörter. Man kann den Transport nur daran unterscheiden,ob er einen Konzentrationsunterschied erhöht oder verringert.

AUFGABEN

1. Beschreiben Sie die Arbeitsweise der Natrium-Kalium-Pumpe.
2. Vergleichen Sie aktiven und passiven Transport von Ionen durch die Membran.
3. Unser Gehirn enthält viele Nervenzellen und benötigt etwa 20 Prozent unseres täglichen Energiebedarfs. Erklären Sie die molekulare Ursache für diesen hohen Energiebedarf.

Lösungen als Download 

Bei einer Erregung verändert sich kurzzeitig das Membranpotenzial.

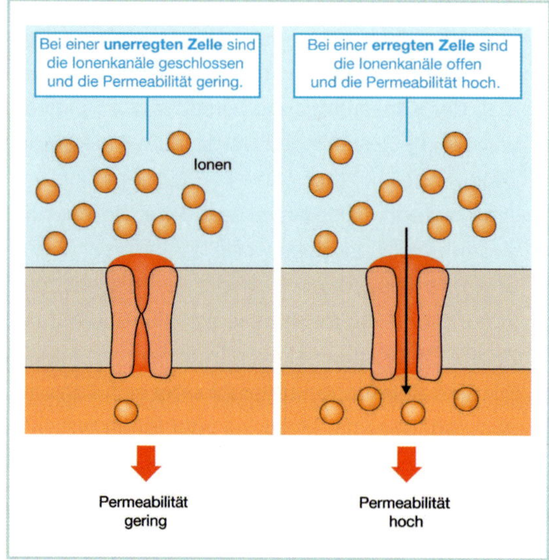

1: Kanäle in der Membran bestimmen die Durchlässigkeit für Ionen.

Eine Erregung besteht in einer kurzzeitigen Veränderung des Membranpotenzials. Den Zustand vor und nach der Erregung nennt man Ruhepotenzial (→ S. 6). Für die Erregung sind Veränderungen der Permeabilität durch spezielle Ionenkanäle entscheidend.

Permeabilität im Ruhezustand

Da Ionen in Wasser von einer großen Hydrathülle umgeben sind, gelangen sie überwiegend nur über spezielle Ionenkanäle durch die Membran (Abb. 1). Ein Ionenkanal besteht meist aus mehreren Proteinen in der Membran, die sich kreisförmig so zusammenlagern, dass ein Kanal entsteht.

Tabelle 1: Unterschiedliche Konzentrationen und Permeabilitäten ergeben verschiedene Gleichgewichtspotenziale

	K^+	Na^+	Cl^-
Konzentration außen	5 mmol/l	140 mmol/l	120 mmol/l
Konzentration innen	150 mmol/l	10 mmol/l	6 mmol/l
Permeabilität in Ruhe	hoch	gering	gering
Gleichgewichtspotenzial	−91 mV	+71 mV	−82 mV

Manche Ionenkanäle können sich öffnen oder schließen. Für jede Ionensorte gibt es spezielle Ionenkanäle. Je mehr Ionenkanäle für eine Ionensorte geöffnet sind, desto besser ist die Membran für diese Ionensorte durchlässig (permeabel).
Für jede Ionensorte, die durch die Membran gelangt, entsteht ein Gleichgewichtspotenzial, das vom Konzentrationsunterschied der Ionen an der Membran abhängt. Beispielsweise liegt das Kaliumionen-Gleichgewichtspotenzial vieler Nervenzellen bei −91 mV (Tab. 1). Das Membranpotenzial, das sich an der Membran messen lässt, wird jedoch durch alle Ionensorten bestimmt. Dabei wirkt sich das Gleichgewichtspotenzial einer Ionensorte umso stärker aus, je besser die Membran für diese Ionensorte permeabel ist. Die Gleichgewichtspotenziale für die einzelnen Ionensorten summieren sich entsprechend der Permeabilitäten zu einem resultierenden Membranpotenzial. Das Ruhepotenzial einer typischen Nervenzelle liegt bei etwa −70 mV.

Veränderung der Permeabilität

Während das Ruhepotenzial einen Zustand darstellt, handelt es sich bei einer Erregung um eine vorübergehende Veränderung des Membranpotenzials, also um einen Vorgang. Auch Veränderungen des Membranpotenzials werden ebenfalls nur als Potenzial bezeichnet (→ S.12).
Durch das Öffnen von Ionenkanälen wird die Permeabilität für die passende Ionensorte stark erhöht. Langfristig müssten sich dadurch auch die Konzentrationen ändern. Allerdings öffnen sich die Ionenkanäle während der Erregung so kurz, dass nur wenige Ionen hindurchgelangen und die Konzentrationen fast unverändert bleiben.
Physikalisch entspricht die Membran einem Kondensator, der Ladungen mit einem extrem gerin-

gen Abstand von wenigen Nanometern trennt. Daher bewirken schon wenige Ionen eine deutliche Spannungsänderung.

Ursache der Erregung

Die Veränderung des Membranpotenzials wird durch das vorübergehende Öffnen von Ionenkanälen verursacht. Je nach Art der beteiligten Ionenkanäle verläuft das Membranpotenzial unterschiedlich. Zwei Fälle sind zu unterscheiden:

1. Die Erregung wird durch Ionenkanäle verursacht, die entweder durch mechanische Kräfte oder durch einen spezifisch bindenden chemischen Stoff (Ligand) geöffnet werden. Beispielsweise werden die Ionenkanäle in Haarsinneszellen (S. 22) mechanisch geöffnet. Dagegen öffnen sich die Ionenkanäle in Riechsinneszellen, wenn Ligandenmoleküle spezifisch an Rezeptoren der Ionenkanäle binden. Solche ligandengesteuerten Ionenkanäle befinden sich auch in der Membran von Dendriten und Zellkörpern von Nervenzellen. Erregungen, die durch mechanisch gesteuerte Ionenkanäle oder ligandengesteuerte Ionenkanäle verursacht werden, fasst man als Rezeptorpotenziale zusammen. Je stärker die Kraft beziehungsweise je höher die Ligandenkonzentration, desto mehr Ionenkanäle sind geöffnet. Rezeptorpotenziale können deshalb mit unterschiedlich hoher Amplitude erfolgen.
2. Die Erregung wird durch spannungsgesteuerte Ionenkanäle verursacht, die sich öffnen, sobald das Membranpotenzial einen bestimmten Wert (Schwellenpotenzial) erreicht. Solche Ionenkanäle befinden sich in der Axonmembran der Nervenzelle. Da nach dem Öffnen der ersten Ionenkanäle das Membranpotenzial weiter steigt, sind bald die Schwellenpotenziale aller Ionenkanäle überschritten. Deshalb gilt das Alles-oder-nichts-Prinzip. Erregungen, die durch spannungsgesteuerte Ionenkanäle verursacht werden, zeichnen sich durch einen heftigen Anstieg des Membranpotenzials aus und heißen daher Aktionspotenziale.

WÖRTER UND BEGRIFFE

Depolarisation und Repolarisation

Die Erregung einer Nervenzelle besteht darin, dass sich das Membranpotenzial an einer Stelle kurzzeitig verändert. Ausgehend vom Ruhepotenzial steigt das Membranpotenzial schnell an und sinkt kurz darauf wieder auf das Ruhepotenzial ab. Einen Anstieg des Membranpotenzials nennt man Depolarisation und ein sinkendes Membranpotenzial heißt Repolarisation. Dabei ist es unerheblich, ob sich das Vorzeichen des Potenzials ändert. Auch eine Depolarisation von −70 mV auf +30 mV stellt einen Anstieg des Potenzials dar. Man kann es sich wie im Treppenhaus vorstellen: Beim Weg vom Keller (Niveau −1) in den zweiten Stock (Niveau +2) geht es ständig bergauf.
Diese Unabhängigkeit vom Vorzeichen ist der entscheidende Vorteil des Potenzialbegriffs. Würden wir von Membranspannungen reden, müsste immer das Vorzeichen beachtet werden. Bei einem Anstieg von −70 mV auf +30 mV würde die negative Spannung zunächst auf Null sinken und dann eine positive Spannung ansteigen. Diese sprachliche Verwirrung wird durch den Potenzialbegriff vermieden. Wir können bei jeder Depolarisation von einem permanenten Anstieg des Membranpotenzials sprechen (Abb. 2).

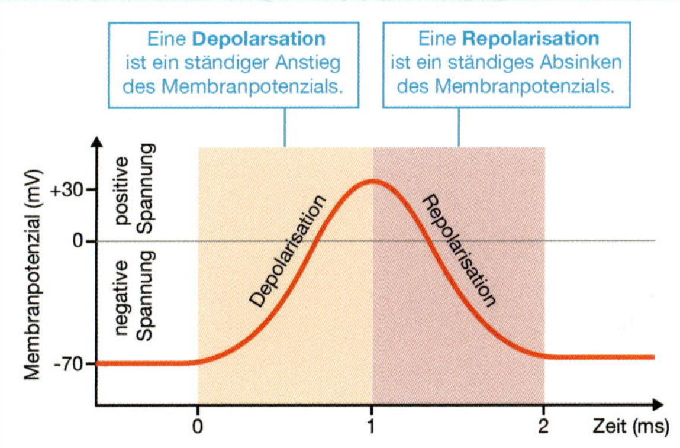

2: Depolarisation und Repolarisation

AUFGABEN

1 Nennen Sie Faktoren, die das Membranpotenzial beeinflussen

2 Ligandengesteuerte Ionenkanäle ergeben amplitudenmodulierte Membranpotenziale. Spannungsgesteuerte Ionenkanäle bewirken Aktionspotenziale nach dem Alles-oder-nichts-Prinzip. Erklären Sie den Zusammenhang.

Lösungen als Download 

Sinneszellen, Nervenzellen und Muskelzellen sind auf Erregungen spezialisiert.

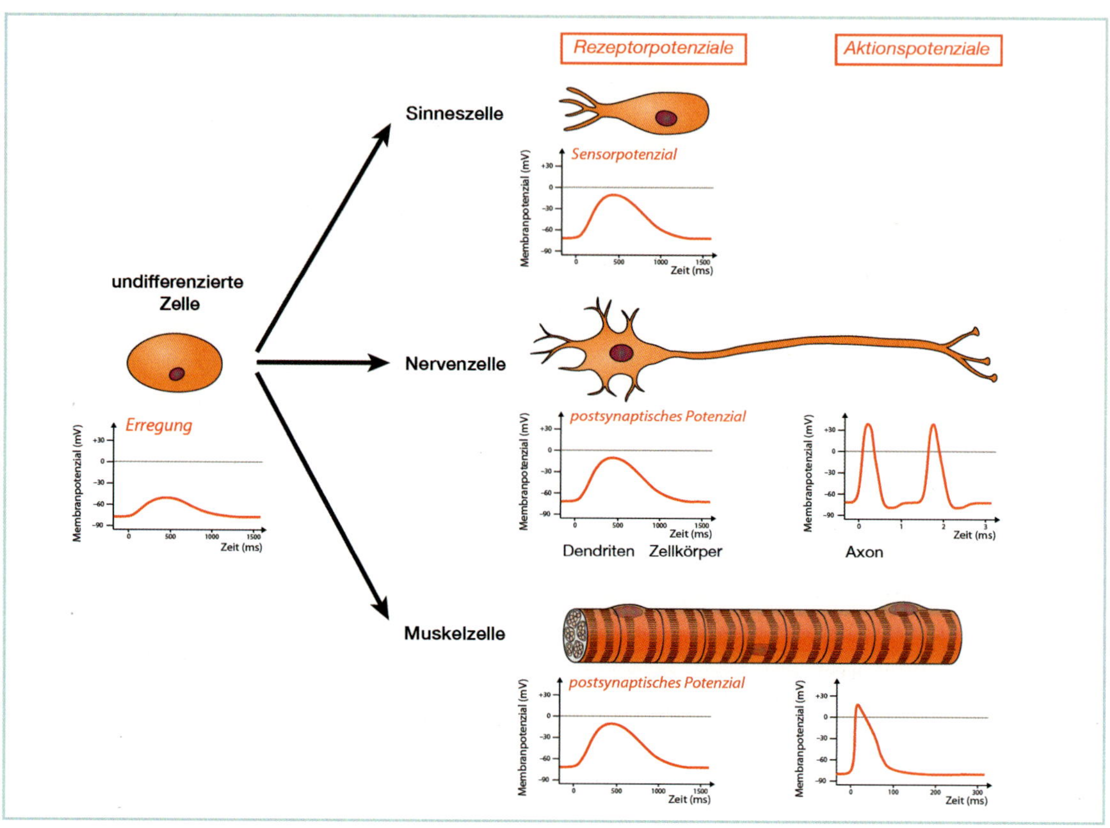

1: Im Lauf der Evolution sind spezialisierte Zellen mit unterschiedlichen Formen der Erregung entstanden.

Alle Lebewesen reagieren auf Reize. Daraus lässt sich schließen: Erregbarkeit ist eine ursprüngliche Eigenschaft von Zellen.

Evolution der Erregbarkeit

Vermutlich verfügten Bakterien schon vor über drei Milliarden Jahren über einfache Sinne. Viele Bakterien können sich auf Nährstoffe zubewegen. Voraussetzung dafür ist, dass sie die Konzentration des Nährstoffs an verschiedenen Stellen der Zelloberfläche messen können und sich dann mit fadenförmigen Geißeln zur höheren Nährstoffkonzentration bewegen.

Erst bei mehrzelligen Organismen entstand die Notwendigkeit, Erregungen im Körper über größere Strecken zu leiten. Gleichzeitig ergab sich in Mehrzellern die Möglichkeit der Spezialisierung von Zellen. Damit ein Mehrzeller auf Umweltreize reagieren kann, müssen Reize aufgenommen werden, Erregungen schnell weitergeleitet werden und schließlich Muskeln oder andere Zielorgane Reaktionen ausführen. Für diese drei Funktionen gibt es jeweils spezialisierte Zellen. Sinneszellen produzieren Erregungen, Nervenzellen leiten Erregungen schnell weiter und Muskelzellen kontrahieren bei Erregung. Alle drei Zelltypen sind besonders auf die Erregbarkeit spezialisiert (Abb. 1).

Sinneszellen

Sinneszellen sind spezialisierte Zellen, die Reize aus der Umwelt aufnehmen und daraufhin eine Erregung produzieren. Beispielsweise steigt

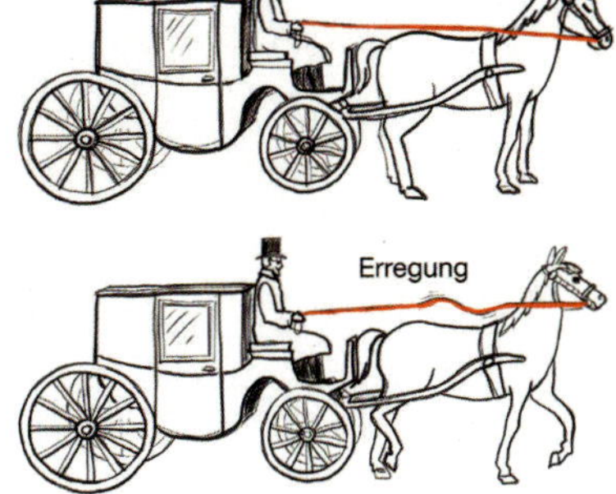

2: Erst die kurzzeitige Änderung des Ruhezustands ergibt eine Erregung.

bei Tastsinneszellen das Membranpotenzial an, wenn mechanische Kräfte auf die verzweigten Zellfortsätze einwirken. In Geschmackssinneszellen bewirkt die Bindung eines Geschmacksstoffmoleküls an spezifische Rezeptormoleküle in der Zellmembran eine Erregung. Erregungen, die auf Rezeptoren beruhen, heißen allgemein Rezeptorpotenziale. Im speziellen Fall von Sinneszellen (Sensorzelle) sprechen wir von Sensorpotenzialen (Abb. 1).

Nervenzellen

Nervenzellen sind spezialisierte Zellen, die meist mehrere Zellfortsätze (Neuriten) aufweisen. Dendriten sind Fortsätze, die Erregungen zum Zellkörper hinleiten, Axone hingegen leiten die Erregungen vom Zellkörper weg. Dendriten sind meist stärker verzweigt als Axone. Nervenzellen sind letztlich darauf spezialisiert, Erregungen an den Dendriten aufzunehmen und über das lange Axon schnell weiterzuleiten. Eine Erregung an einer Stelle des Axons nennt man Aktionspotenzial.

Muskelzellen

Auch Muskelzellen sind erregbar. Gelangen Erregungen von einer Nervenzelle über spezielle Verbindungen auf eine Muskelzelle, so werden dort Prozesse im Zellinneren ausgelöst, die zur Kontraktion führen. Dadurch sind nicht nur Bewegungen möglich, sondern beispielsweise auch Änderungen der Durchblutung oder der Darmtätigkeit. Bei vielen Reaktionen spielen Muskelzellen eine bedeutende Rolle.

Modell einer Erregung

Eine Erregung besteht darin, dass ein Ruhezustand vorübergehend verändert wird. Ein einfacher Vergleich verdeutlicht dies: Solange ein Kutscher oder eine Kutscherin die Zügel gleichförmig hält, bleibt auch das Pferd ruhig (Ruhezustand). Sobald die Zügel aber kurzzeitig nach oben ausgelenkt werden (Erregung), reagiert das Pferd.

ANSICHTEN UND EINSICHTEN

Die Erregbarkeit ist eine ursprüngliche Eigenschaft von Zellen

Die Erregbarkeit von Zellen ist nicht nur auf Nervenzellen beschränkt. Reizbarkeit kennzeichnet alle Lebewesen, insbesondere auch einzellige Formen. Die Erregbarkeit stellt eine ursprüngliche Eigenschaft von Zellen dar. Nur in Vielzellern bestand die Möglichkeit, dass manche Zelltypen diese Eigenschaft verlieren.

Die Ansicht, dass nur Nervenzellen erregbar wären, ist falsch. Nervenzellen sind lediglich auf Erregungen und deren schnelle Fortleitung besonders spezialisiert. Am Axonhügel können Aktionspotenziale entstehen, die über das Axon hinweg weitere Aktionspotenziale auslösen. Aktionspotenziale der Nervenzellen stellen aber keineswegs die einzige Form einer Erregung dar.

Bakterien zählen zu den ältesten Lebensformen auf der Erde und zeigen bereits das Phänomen der Erregbarkeit und Reizbarkeit. Ebenso sind Einzeller erregbar. Im Lauf der Evolution sind verschiedene Formen der Erregung entstanden. Die Erregungen von Bakterien und Einzellern unterscheiden sich deutlich von den Aktionspotenzialen und Rezeptorpotenzialen einer Nervenzelle.

Einerseits gibt es unterschiedliche Formen von Aktionspotenzialen. Es gibt sogar spezielle Pflanzenzellen, die Aktionspotenziale bilden können. Dabei sind aber andere Ionenkanäle beteiligt als bei Axonen der Nervenzellen. Andererseits verlaufen Rezeptorpotenziale prinzipiell gleichartig (Abb. 1), werden aber sehr verschieden ausgelöst: durch mechanische Kräfte oder durch Liganden (→ Seite 18).

Alle Erregungen sind dadurch gekennzeichnet, dass ein Ruhezustand vorübergehend verändert wird. Diese Änderung erfolgt meist sehr schnell; sie kann aber auch langsam ablaufen.

AUFGABEN

1. Erläutern Sie anhand Abb. 1, dass Aktionspotenziale eine abgeleitete Spezialisierung darstellen.
2. Auf S. 3 sind einige Fragen aufgelistet. Beantworten Sie diese Fragen so, dass sie für eine Mitschülerin oder einen Mitschüler verständlich sind. Die Informationen dieses Kapitels helfen Ihnen dabei.

Lösungen als Download 

Produktion von Erregung

2

Wie viele Sinne gibt es?

Was machen Reize mit den Sinneszellen?

Nehmen wir die Welt so wahr, wie sie ist?

Warum sehen wir „Sterne", wenn auf das Auge geschlagen wird?

Warum können wir die Sinne überhaupt unterscheiden?

Wo bleibt der Reiz, der eine Sinneszelle erregt hat?

Sinneszellen reagieren auf bestimmte Reize.

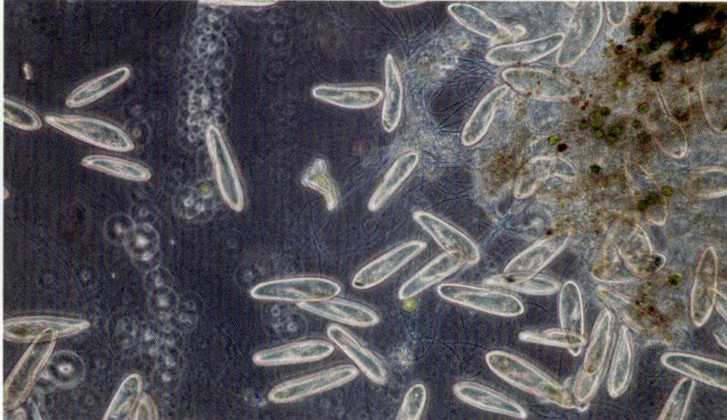

1: Manche Einzeller verfügen über beachtliche Sinnesleistungen. Links: Beim Augentierchen Euglena beschattet ein Augenfleck einen Lichtrezeptor. Dadurch kann die Zelle die Richtung des Lichts registrieren und mithilfe der Geißel zum Licht schwimmen. Rechts: Pantoffeltierchen haben sich um eine Nahrungsquelle gesammelt. Sie registrieren die Konzentration von im Wasser gelösten Stoffen und erkennen so, wo sich die Nahrungsquelle befindet.

Zellen, die auf Reize reagieren, gibt es nicht nur bei Tieren, sondern auch bei Einzellern, Pflanzen und Pilzen. Einzeller reagieren wie alle Lebewesen auf Reize aus der Umwelt (Abb. 1). Da sie nur aus einer Zelle bestehen, gibt es zwar keine spezialisierten Sinneszellen, dafür aber Strukturen in ihrer Zellmembran, die auf Reize reagieren. Solche Strukturen nennt man Rezeptoren.

Welche Sorten von Sinneszellen gibt es?

Sinneszellen sind darauf spezialisiert, Reize zu registrieren. Sie werden auch als Sensoren bezeichnet. Diese Funktion wird auch bei den Sinneszellen durch eine Vielzahl von Rezeptoren ermöglicht. Sobald ein bestimmter Reiz einwirkt, wird die Struktur der Rezeptoren verändert. Dies führt in der Sinneszelle zu Prozessen, die eine Erregung auslösen.

Sinneszellen mit Chemorezeptoren können bestimmte chemische Stoffe registrieren. In der Regel binden Moleküle des Stoffes an spezifische Rezeptormoleküle in der Zellmembran. Vor allem im Riechepithel gibt es viele Riechsinneszellen mit spezifischen Rezeptoren (→ S. 18). Des Weiteren gibt es im Körper Sinneszellen, die wichtige Werte für den Stoffwechsel messen (z. B. die CO_2-Konzentration oder den pH-Wert im Blut).

Lichtsinneszellen registrieren Licht, weil sie lichtempfindliche Moleküle (Fotorezeptoren) enthalten. Lichtempfindliche Rezeptoren gibt es nicht nur in den Augen von Tieren (→ S. 20), sondern auch in Pflanzen, die dem Licht entgegenwachsen und ihre Blätter oder Blütenstände nach der Sonne ausrichten (Abb. 2). Es gibt sogar Einzeller, die auf Licht reagieren können (Abb. 1).

Sinneszellen mit Mechanorezeptoren reagieren auf mechanische Kräfte. Diese können auch von Beschleunigungen oder Druckunterschieden herrühren. Zum Beispiel registrieren Sinneszellen im Ohr Druckunterschiede, die durch Schallwellen verursacht werden (→ S. 22).

In unserer Haut befinden sich zwei Typen von Sinneszellen, solche mit Kälterezeptoren und solche mit Wärmerezeptoren. Damit können wir Temperaturen abschätzen. Vermutlich verfügen alle Tiere über einen Temperatursinn. Manche Tiere, wie z. B. Zugvögel oder elektrische Fische, können sogar Magnetfelder oder elektrische Fel-

2: Sonnenblumen wachsen nicht nur dem Licht entgegen, sondern richten ihre Blütenkörbe zur Sonne aus.

der registrieren. Dies wird durch Sinneszellen mit Magnetorezeptoren oder Elektrorezeptoren ermöglicht.

Warum reagieren Sinneszellen auf Reize?

Jede Sinneszelle verfügt über Strukturen, die durch einen bestimmten Reiz in irgendeiner Weise verändert werden. Diese Strukturen nennt man Rezeptoren. Meist handelt es sich dabei um Proteinmoleküle (Rezeptormoleküle) in der Zellmembran. Sie lösen nach der Einwirkung eines Reizes Folgeprozesse in der Zelle aus. Im einfachsten Fall öffnet sich ein Ionenkanal (→ S. 18).

Wie entstehen Erregungen?

Die Erregung der Sinneszelle entsteht durch Prozesse, die von der Zelle aktiv bewirkt werden. Das bedeutet: Ein Reiz wird nicht in eine Erregung umgewandelt. Der Reiz löst lediglich Prozesse aus, die dann in der Sinneszelle zu einer Erregung führen. Die Energie für die Erregung kommt nicht vom Reiz, sondern von der Sinneszelle. Die Erregung wird von der Sinneszelle aktiv produziert (→ S. 18).

ANSICHTEN UND EINSICHTEN

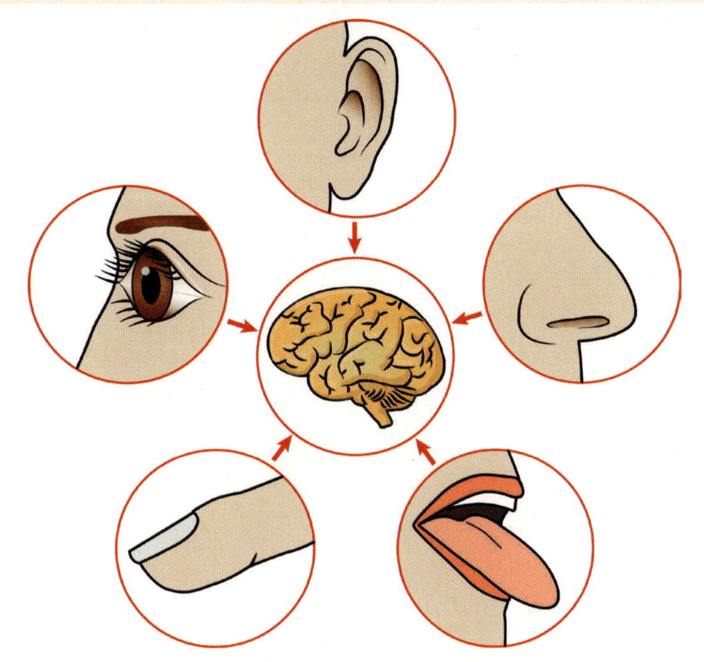

Die traditionell unterschiedenen fünf Sinne. Aber wir haben mehr.

Die Sinne des Menschen

In der Antike ordnete man dem Menschen fünf Sinne zu, die eng mit Organen verknüpft sind: Schmecken mit dem Mund, Riechen mit der Nase, Tasten und Fühlen mit der Haut, Hören mit den Ohren und Sehen mit den Augen (Abb. 3). Heute kennen wir noch mehr Sinne des Menschen: den Temperatursinn, den Dreh- und Bewegungssinn, den Schweresinn, den Schmerzsinn und den Propriozeptionssinn.

Propriozeptoren sind Strukturen im Körper, die verschiedene Stoffwechselwerte und die Lage von Körperteilen zueinander registrieren. Beispielsweise messen spezielle Zellen in den Muskeln ständig dessen Länge. Nur so können wir exakte Bewegungen ausführen. Dadurch ist es möglich, mit geschlossenen Augen beide Zeigefinger aufeinander zuzubewegen.

Unser Schmerzempfinden wird durch Nozizeptoren ermöglicht. Dies sind beispielsweise freie Nervenendigungen in der Haut. Es gibt Menschen, die aufgrund eines mutierten Gens keine Nozizeptoren ausbilden und somit keine Schmerzempfindung haben. Zunächst mag man denken, dass diese Menschen ein besonders glückliches Leben führen, aber das Gegenteil ist der Fall. Ohne Schmerzempfindung kommt es ständig zur Überlastung von Gelenken und schweren Verletzungen aus Unachtsamkeit. Die meisten Betroffenen haben schon im Jugendalter einen stark geschädigten Bewegungsapparat und haben eine geringere Lebenserwartung.

Sinneszellen produzieren Erregung.

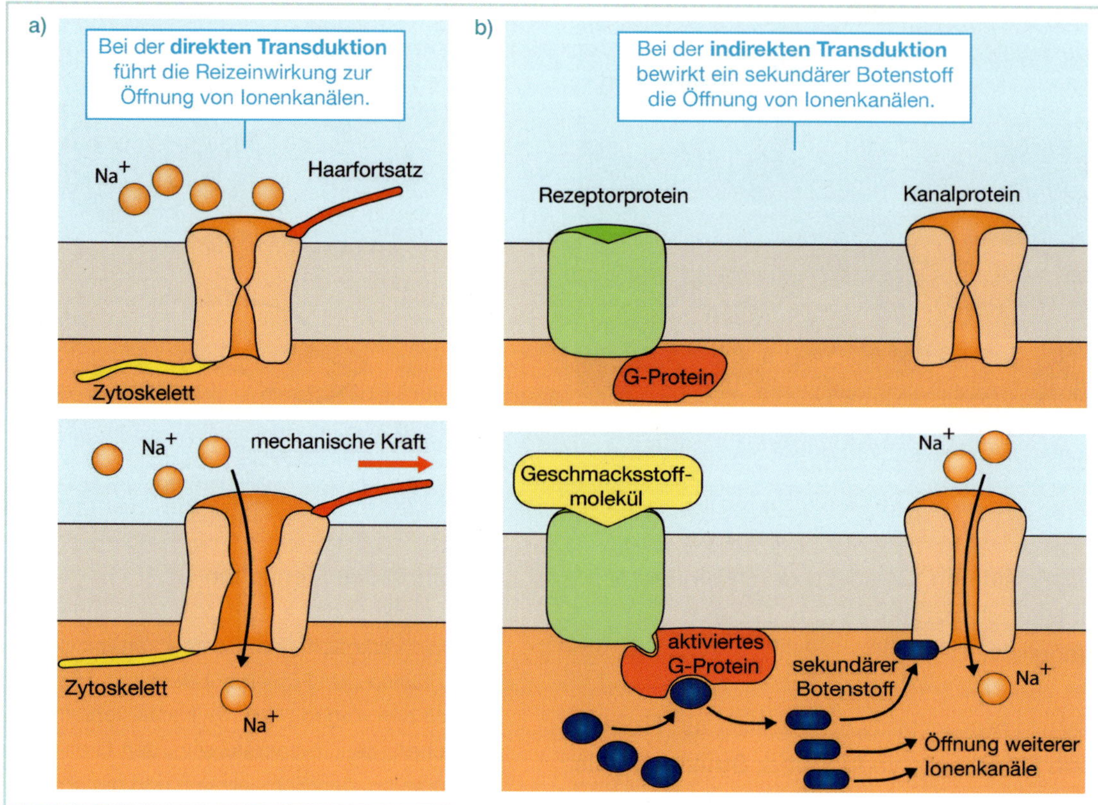

1: Die Transduktion in Sinneszellen:
a) Mechanorezeptor: direkte Öffnung von Ionenkanälen;
b) Chemorezeptor: indirekte Öffnung von Ionenkanälen über G-Proteine und Botenstoffe

Sinneszellen zeichnen sich dadurch aus, dass sie bei der Reaktion auf Reize mit einer Veränderung des Membranpotenzials reagieren, also eine Erregung produzieren (→ S. 10). Den Prozess von der Reizaufnahme bis zur Entstehung der Erregung nennt man Transduktion. Wörtlich übersetzt heißt dies: Überführung. Allerdings wird dabei nicht die Reizenergie in die elektrische Energie der Erregung umgewandelt, sondern lediglich die Sinneszelle dazu veranlasst, eine Erregung zu produzieren.

Direkte Transduktion

Bei mechanischen Sinneszellen öffnen sich Ionenkanäle in der Zellmembran durch mechanische Kräfte (Abb. 1a). Dadurch kommt es zu einem Einstrom von Ionen in die Sinneszelle und folglich zu einem Erregungspotenzial (Sensorpotenzial). Solche Sinneszellen befinden sich im Innenohr in der Hörschnecke (Hörsinn), im Gleichgewichtsorgan (Gleichgewichts- und Drehsinn) und in der Haut (Tastsinn). Selbst Sinneszellen für den Temperatursinn in der Haut funktionieren in ähnlicher Weise. Temperaturempfindliche Ionenkanäle in der Zellmembran von Thermosensoren öffnen sich entweder bei hohen Temperaturen (Wärmerezeptor) oder bei niedrigen Temperaturen (Kälterezeptor) (→ S. 16).
Auch bei den chemischen Sinneszellen für salzig und für sauer werden Ionenkanäle direkt geöffnet. Beispielsweise befinden sich in der Zellmembran Ionenkanäle, die für Natriumionen

2: Zitronensäure ist ein wirkungsvoller chemischer Reiz.

durchlässig sind. So kommt es beim Genuss von salzigen Speisen (Kochsalz ist Natriumchlorid) unmittelbar zum Einstrom von Natriumionen und damit zu einer Erregung der Sinneszelle.

Indirekte Transduktion

Bei den Sinneszellen für süß, bitter und umami (fleischig) hingegen erfolgt die Öffnung der Ionenkanäle indirekt über sekundäre Botenstoffe (Second Messenger). Bindet das Molekül eines solchen Geschmacksstoffs an ein Rezeptorprotein in der Zellmembran, führt dies zur Konformationsänderung (→ S. 8) eines G-Proteinmoleküls auf der Innenseite. Jedes aktivierte G-Protein kann seinerseits mehrere Moleküle eines weiteren sekundären Botenstoffs aktivieren (Abb. 1b). So wird eine lawinenartige Signalkaskade in Gang gesetzt, die schließlich dazu führt, dass viele Ionenkanäle geöffnet werden. Durch den Einstrom von Ionen kommt es zur Erregung der Sinneszelle (Sensor), d. h. zur Ausbildung eines Sensorpotenzials. Der Vorteil einer Signalkaskade besteht in der Verstärkung. Die Bindung eines einzigen Duftstoffmoleküls an ein Rezeptormolekül löst die Öffnung von vielen Ionenkanälen aus und führt damit zu einem deutlichen Sensorpotenzial. Auch die Transduktion der Lichtsensoren der Netzhaut erfolgt indirekt über eine Signalkaskade (→ S. 56). Das betreffende G-Protein wird auch Transducin genannt. Schon die Aktivierung eines einzigen Transducin-Moleküls bewirkt über eine Signalkaskade ein Sensorpotenzial.

WÖRTER UND BEGRIFFE

Rezeptor und Sensor

Das Wort Rezeptor kann zwei verschiedene Dinge bezeichnen. Heute werden damit Strukturen der Zellen bezeichnet, auf die ein Reiz einwirkt und die eine zelluläre Reaktion hervorrufen. Meist handelt es sich bei den Rezeptoren um Proteine in der Zellmembran. Beispielsweise führt die Bindung eines Duftstoffmoleküls an die Rezeptoren einer Riechsinneszelle zum Öffnen von Ionenkanälen und damit einer Erregung.

Früher wurden auch die Sinneszellen selbst als Rezeptoren bezeichnet. Die Erregung einer Sinneszelle wurde dann Rezeptorpotenzial genannt. Diese Bezeichnung umfasst allerdings alle Membranpotenziale, die durch Rezeptormoleküle ausgelöst werden (→ S. 12) und deren Amplitude unterschiedlich hoch sein kann. Um Verwechslungen zu vermeiden, sollte man beim Membranpotenzial einer Sinneszelle folgerichtig vom Sensorpotenzial sprechen (Abb. 3).

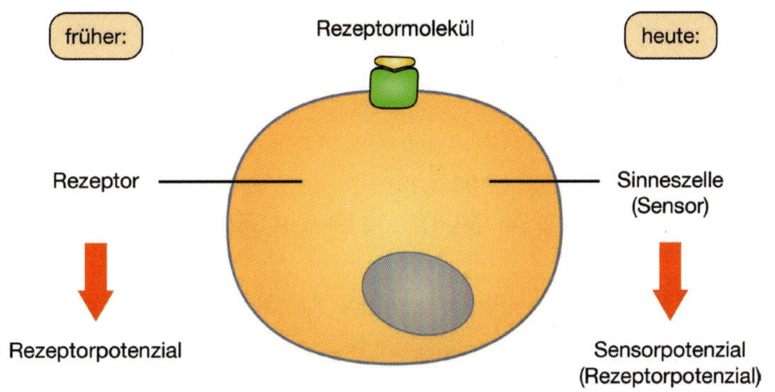

3: Missverständliche Bezeichnungen sind zu vermeiden.

AUFGABEN

1 „Sinneszellen wandeln Reize in elektrische Erregungen um." Erklären Sie, dass diese Formulierung irreführend ist

2 Beschreiben Sie Vorteile und Nachteile einer Signalkaskade sowie deren Funktion.

3 Beim Geschmackssensor für sauer werden Na^+-Ionenkanäle in der Zellmembran durch H^+-Ionen blockiert. Beschreiben Sie, wie dies zu einem Sensorpotenzial führt.

Lösungen als Download 

Erst durch die Sinneszelle wird der Reiz zum Reiz.

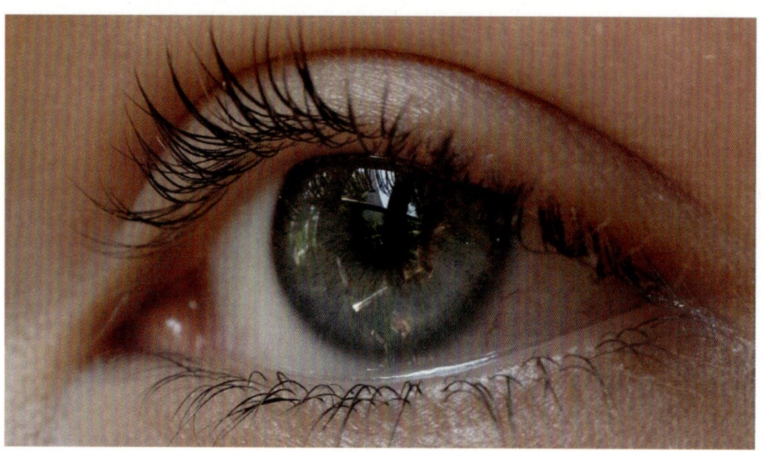

1: Durch die Pupille gelangt Licht in unser Auge.

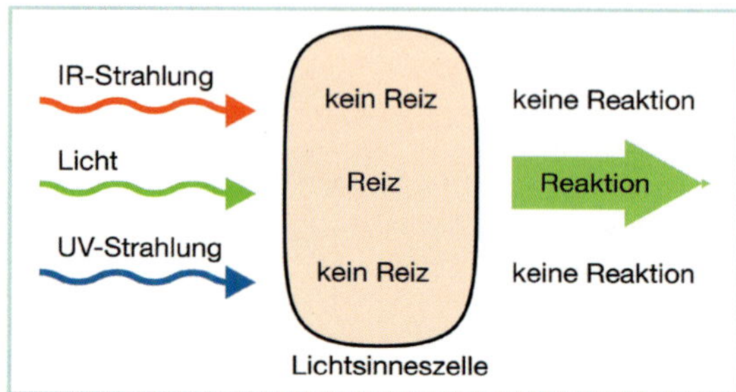

2: Ein Umwelteinfluss stellt nur dann einen Reiz dar, wenn eine Sinneszelle reagiert.

Fällt Licht in unsere Augen, löst es bei speziellen Sinneszellen im Auge eine Reaktion aus. Dies ist die Grundlage für das Sehen. Auch Infrarotstrahlung gelangt durch die Pupille ins Auge. Sie bewirkt aber keinen Seheindruck, sondern ist sogar für unsere Lichtsinneszellen gefährlich.
Erst dadurch, dass der Umwelteinfluss in der Sinneszelle Reaktionen auslöst, wird der Umwelteinfluss zum Reiz. Während also Licht, das aufs Auge fällt, für unsere Sinneszellen einen wichtigen Reiz darstellt, ist Infrarotstrahlung für sie kein Reiz (Abb. 2). Nicht jede elektromagnetische Strahlung, die ins Auge fällt, ist also ein Reiz.

Adäquate und inadäquate Reize

Verschiedene Sinneszellen reagieren auf unterschiedliche Reize. Sie sind jeweils für eine Reizart besonders empfindlich (→ S. 18). Die Sinneszellen in der Netzhaut sind extrem lichtempfindlich. Insbesondere die Stäbchen reagieren auf sehr schwache Lichtreize und ermöglichen sogar die Orientierung bei schwachem Mondlicht.
Der Reiz, für den eine Sinneszelle besonders empfindlich ist, wird adäquater Reiz genannt. Die

3: Bereiche des elektromagnetischen Spektrums

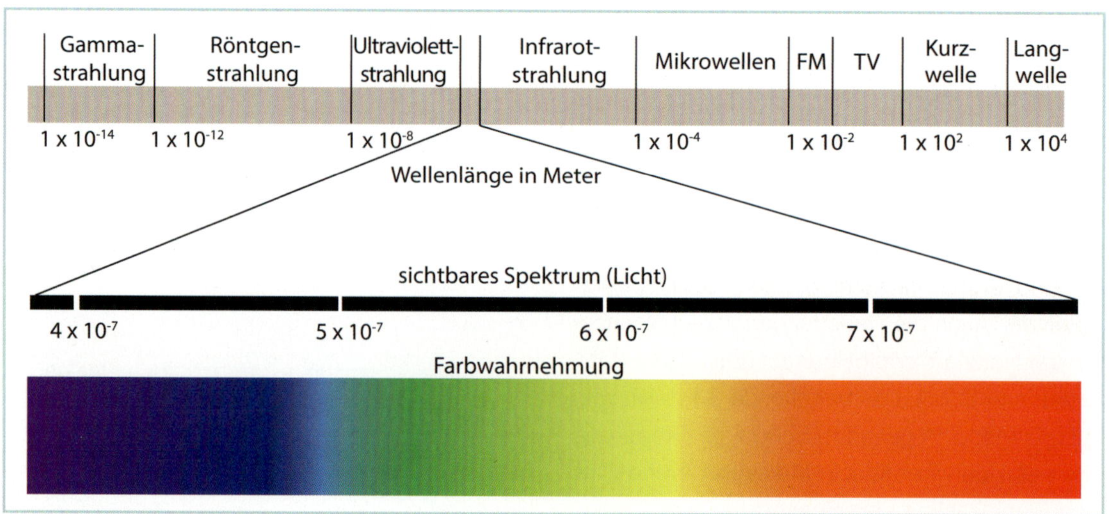

Erfahrung zeigt, dass bei einem Schlag auf das Auge ebenfalls Reaktionen der Lichtsinneszellen ausgelöst werden können, die der Betroffene als „Sternchen" wahrnimmt. Dazu sind aber große Kräfte erforderlich. Umwelteinflüsse, auf die eine bestimmte Sinneszelle nur bei starker Einwirkung reagiert, nennt man inadäquate Reize.

Sinneszellen und Reize bei Tieren

Die Sinneszellen in den Komplexaugen von Honigbienen können UV-Strahlung registrieren. Für die Honigbiene gehört dieser Bereich des elektromagnetischen Spektrums zu den Reizen, die die Biene aus der Umwelt aufnehmen kann. Viele Blüten haben spezielle UV-Muster, die von Honigbienen gesehen werden können (Abb. 4). Gleichzeitig können Honigbienen keine Rottöne sehen. Dieser Bereich des elektromagnetischen Spektrums ist für sie unsichtbar.

Auch Infrarotstrahlung (IR-Strahlung) gehört zum elektromagnetischen Spektrum (Abb. 3). Da wir keine Sinneszellen haben, die auf diese Strahlung reagieren, stellt sie für uns keinen Reiz dar. Klapperschlangen haben jedoch im vorderen Kopfbereich Sinnesorgane mit speziellen Sinneszellen für Infrarotstrahlung, die Grubenorgane. Damit können sie die Wärmestrahlung registrieren, die von Mäusen und anderen Beutetieren abgegeben wird.

4: Wir sehen die Blüte im Bild weiß und gelb. Bienen sehen sie in anderen Farben, da sie einen anderen Teil des Spektrums wahrnehmen (→ Abb. 5). Die Fliege im Bild nimmt die Farben ähnlich wie Bienen wahr.

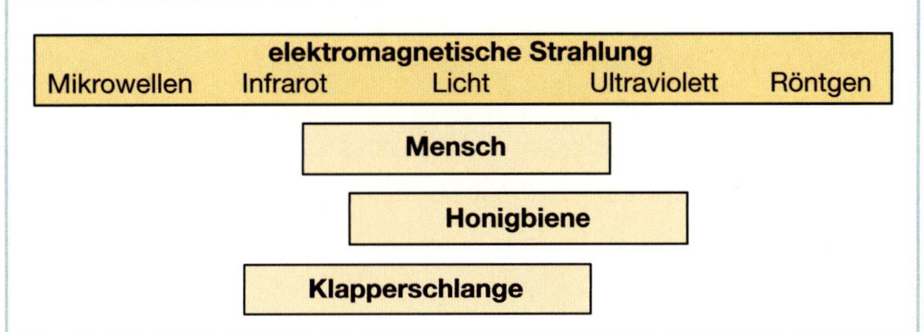

5: Sichtbarer Teil der elektromagnetischen Strahlung

ANSICHTEN UND EINSICHTEN

Die Sinnesleistung ist beschränkt

Im Alltag gehen wir oft davon aus, dass wir die Welt so wahrnehmen, wie sie wirklich ist. Unsere Wahrnehmung von der Umwelt hängt jedoch stark von unseren Sinnesleistungen ab.

Die Sinnesleistung ist beschränkt, da die Sinneszellen nur auf einen Teil der Umwelteinflüsse reagieren. Welchen Ausschnitt der Umwelt ein Lebewesen wahrnehmen kann, wird durch die Ausstattung seiner Sinneszellen festgelegt (Abb. 5). Davon hängt es ab, welche Umwelteinflüsse adäquate Reize darstellen. Verschiedene Lebewesen nehmen nicht den gleichen Teil der Umwelt wahr, weil sie sich sowohl in der Art der Sinneszellen unterscheiden als auch im Reizspektrum, auf das die Sinneszellen reagieren.

Die Reaktion der Sinneszelle ist lediglich die Grundlage für die Sinneswahrnehmung. Die Wahrnehmung findet nicht im Sinnesorgan selbst, sondern erst im Gehirn statt. Der Reiz allein enthält noch keine Information. Dies wird daran deutlich, dass sowohl bei einem kurzen Lichtreiz als auch bei einem Schlag auf das Auge die Information „Lichtblitz" im Gehirn entsteht. Erst durch die Interpretation im Gehirn entstehen Sinneseindruck und damit Information.

AUFGABEN

1 Definieren Sie, was man in der Biologie unter einem Reiz versteht.

2 Erläutern Sie die zelluläre Grundlage für die unterschiedlichen Sinne im Tierreich.

3 Erklären Sie, dass unsere Wahrnehmung durch unsere Sinne beschränkt ist.

4 Beschreiben Sie, wie unsere Wahrnehmung durch Apparate erweitert werden kann.

Lösungen als Download 

Die Art der Sinneszelle bestimmt nicht den Sinn.

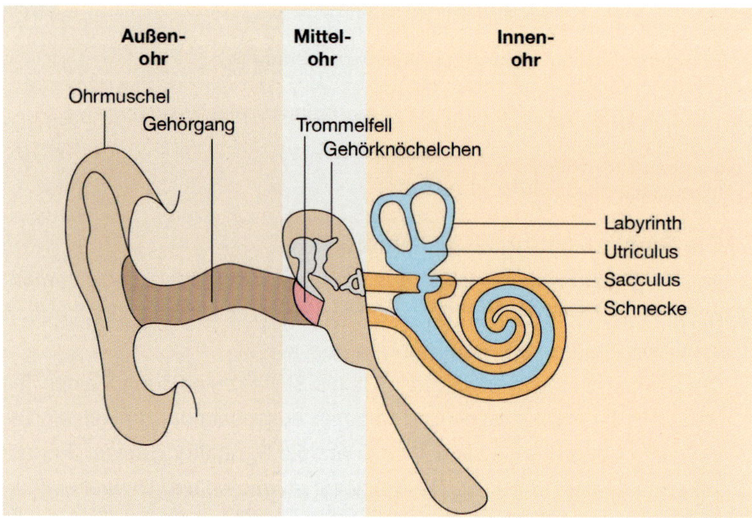

1: Unser Ohr enthält verschiedene Sinne im Innenohr.

Im Innenohr (Abb. 1) befinden sich verschiedene Sinne: Hörsinn, Drehsinn und Gleichgewichtssinn. Die Sinneszellen für diese verschiedenen Sinne sind jedoch stets Haarsinneszellen. Diese reagieren auf eine Auslenkung von Haarfortsätzen mit einer Änderung des Membranpotenzials (Abb.4)

Gleichgewichtssinn

Das Gleichgewichtsorgan besteht aus drei Bogengängen und zwei Kammern (Sacculus und Utriculus), die beide mit Flüssigkeit gefüllt sind. In den Kammern ragen Haarsinneszellen in eine gallertige Kappe, die durch Steinchen aus Kalk beschwert ist. Durch die Schwerkraft oder eine Beschleunigung kommt es zu einer Verformung der darunter liegenden Gallerte und damit zur Auslenkung der Haarfortsätze (Abb. 2). Die Erregungen der Haarsinneszellen werden über den Gleichgewichtsnerv an das Gehirn weitergeleitet.

Drehsinn

Die Bogengänge des Labyrinths sind das Drehsinnesorgan. In jedem Bogengang befinden sich Haarsinneszellen, die immer dann ausgelenkt werden, wenn die Flüssigkeit durch den Gang fließt. Dies ist der Fall, wenn der Kopf eine beschleunigte Drehung erfährt. Die drei Bogengänge stehen senkrecht zueinander und decken dadurch alle drei Raumdimensionen ab.

Hörsinn

In der Schnecke (Cochlea) sind drei flüssigkeitsgefüllte Gänge schneckenartig aufgewickelt (Abb. 3). Der obere und der untere Gang sind am Ende der Schnecke verbunden. Schallwellen versetzen das Trommelfell in Schwingungen. Diese Schwin-

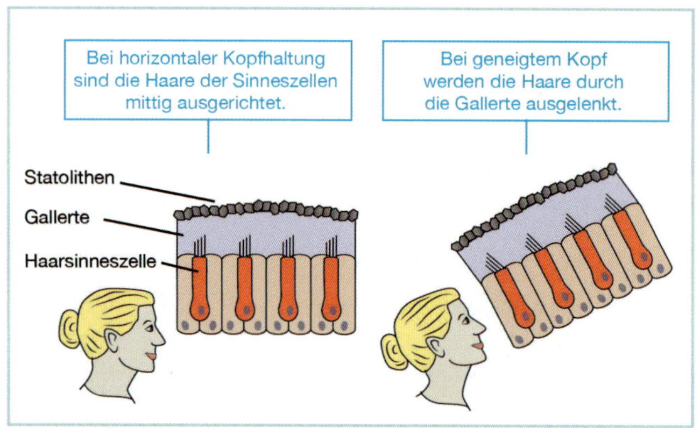

2: Gleichgewichtsorgan im Utriculus

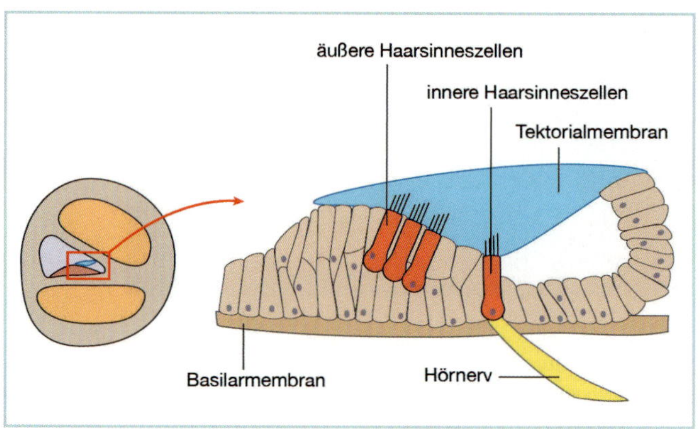

3: Hörorgan in der Schnecke

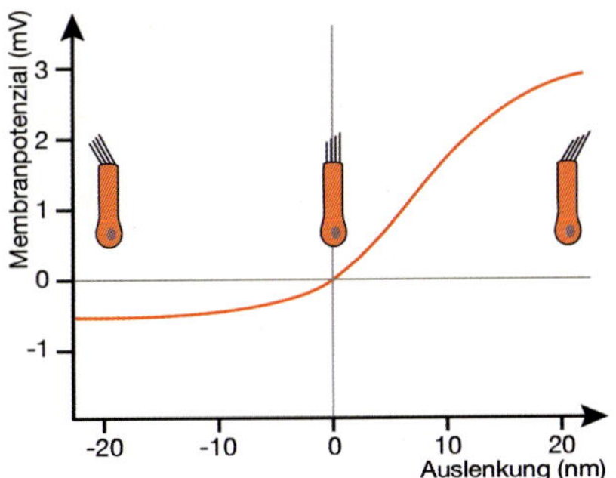

4: Das Sensorpotenzial der Haarsinneszellen hängt von der Auslenkung der Stereocilien ab.

gungen werden über die Gehörknöchelchen auf das ovale Fenster übertragen. Schließlich gerät die Basilarmembran an einem bestimmten Ort in Schwingung. Je tiefer die Schallfrequenz, desto weiter hinten liegt der Auslenkungsort Dort verschiebt sich die Deckmembran gegenüber den inneren und äußeren Haarsinneszellen und lenkt diese aus (Abb. 3). Die Erregungen werden über den Hörnerv an das Gehirn weitergeleitet.

Haarsinneszellen im Innenohr

Je nach Anordnung und Struktur im Sinnesorgan registrieren die Haarsinneszellen unterschiedliche Reize. Während sie in der Schnecke durch Schall ausgelenkt werden, reagieren die Haarsinneszellen in den Bogengängen auf Drehbeschleunigungen und im Utriculus und Sacculus auf lineare Beschleunigungen. Obwohl es sich bei den Haarsinneszellen immer um dieselben Sinneszellen handelt, lässt sich kein bestimmter Reiz zuordnen. Dies macht deutlich, dass nicht allein die Art der Sinneszelle den adäquaten Reiz bestimmt, sondern auch die Begleitstrukturen des Sinnesorgans eine wichtige Rolle spielen.

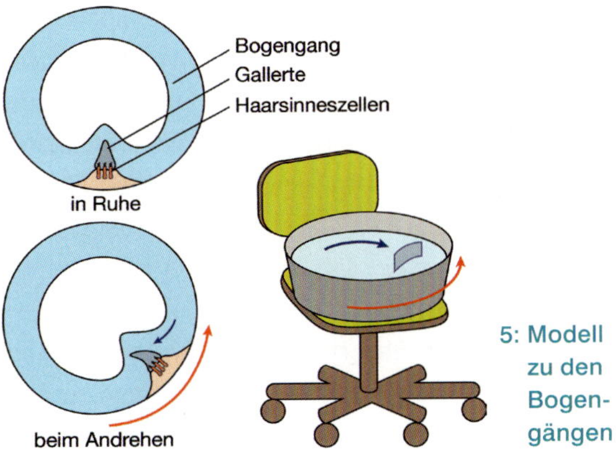

5: Modell zu den Bogengängen

ANSICHTEN UND EINSICHTEN

Evolution des Gehörs

Oft wird die Ansicht vertreten, dass unsere Organe „optimal“ an die Umwelt angepasst sind. Viele Organe sind jedoch komplizierter gebaut, als für ihre Funktion nötig wäre. Zum Beispiel überträgt unser Ohr Schwingungen des Trommelfells über die Gehörknöchelchen im Mittelohr auf das ovale Fenster und schließlich über die Endolymphe auf Haarsinneszellen in der Schnecke. Insekten zeigen, dass Hörorgane an Land viel einfacher funktionieren können. In den Hörorganen von Heuschrecken, die sich in den Vorderbeinen befinden, bringen Schallwellen eine Membran zum Schwingen, die direkt in Kontakt mit mechanischen Sinneszellen steht.

Die flüssigkeitsgefüllte Hörschnecke der Säugetiere ist also physikalisch unnötig und lässt sich nur durch die Evolution erklären. Die Haarsinneszellen im Innenohr der Säugetiere gehen auf die Sinneszellen im Seitenlinienorgan der Fische zurück. Im Seitenlinienorgan registrieren sie kleine Druckunterschiede im Wasser.

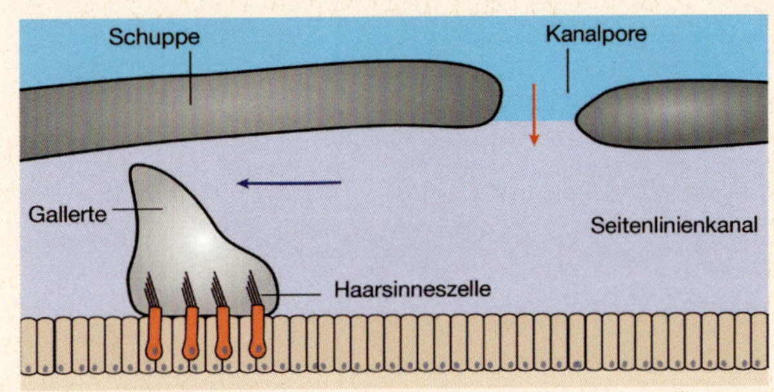

6: Funktionsweise des Seitenlinienorgans

Während ein wassergefüllter Kanal Schwingungen im Wasser gut aufnehmen kann, besteht an Land das Problem, dass Schallwellen beim Übergang von Luft auf Wasser größtenteils reflektiert werden. Dies wird durch die Gehörknöchelchen vermieden. Sie geben den Schalldruck mit etwa 20-facher Verstärkung an das ovale Fenster weiter. So gerät die Flüssigkeit in der Schnecke in Bewegung und lenkt die Haarsinneszellen aus.

AUFGABEN

1 Beschreiben Sie die Funktionsweise einer Haarsinneszelle.

2 Eine gleichförmige Drehung können wir mit unserem Drehsinn nicht registrieren. Die Bogengänge reagieren nur, wenn die Drehung schneller oder langsamer wird. Erklären Sie dies anhand des Modells in Abb. 5.

Lösungen als Download 

Riechsinneszellen gibt es nicht nur in der Nase.

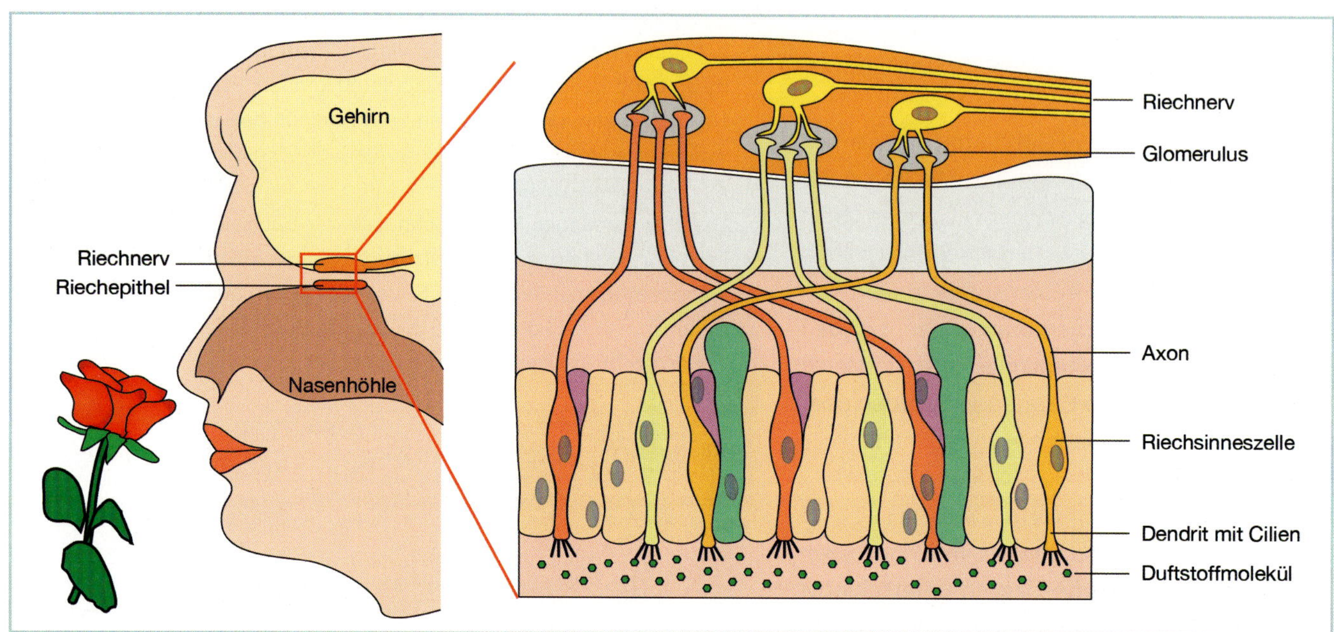

1: Im Riechepithel befinden sich viele Riechsinneszellen, deren Riechhärchen Duftstoffmoleküle in der Nasenschleimhaut binden. Die anschließende Signalkaskade führt zu Erregungen, die über den Riechkolben an das Gehirn geleitet werden. Die Axone von Riechsinneszellen desselben Typs enden im selben Glomerulus.

Einzeller bewegen sich in einem Konzentrationsgefälle zu einer Substanz hin oder von ihr weg. Insekten kommunizieren über Pheromone. Säugetiere prüfen Nahrungsmittel durch ihren Geruchssinn. Chemische Sinne finden sich bei sehr vielen Lebewesen und sind daher vermutlich evolutionär sehr alt.

Riechsinneszellen der Nase

Bei Säugetieren findet sich in der Nase ein Riechepithel mit Riechsinneszellen (Abb. 1). Beim Menschen enthält es mehr als 20 Millionen Sinneszellen für Duftstoffe, wobei sich etwa 370 Typen unterscheiden lassen. Die Erregungen der Riechsinneszellen eines Typs laufen in Glomeruli des Riechkolbens zusammen. Die daraus folgende Erregung wird über Nervenzellen des Riechnervs weitergeleitet.

Obwohl wir nur 370 Typen von Riechsinneszellen haben, können wir einige Tausend Düfte unterscheiden. Dies erklärt sich dadurch, dass ein Duftstoff meist an mehrere Typen von Riechsinneszellen binden kann. Dabei lösen die Duftstoffmoleküle je nach Typ der Riechsinneszelle eine unterschiedlich starke Erregung aus. Jeder Duftstoff erzeugt somit ein charakteristisches Erregungsmuster der verschiedenen Typen der Riechsinneszellen (Abb. 2). Bei 370 Riechsinneszell-Typen ergeben sich so tausende unterschiedliche Muster.

Weitere Riechsinneszellen im Körper

Neben den Riechsinneszellen im Riechepithel finden sich auch Riechsinneszellen in der Leber, im Darm, in der Haut und anderen Organen. Auch wenn diese Sinneszellen nicht zum Geruchssinn beitragen, den wir bewusst wahrnehmen. Sie registrieren dennoch Duftstoffe. In praktisch allen Geweben im menschlichen Körper gibt es Zellen mit Duftstoffrezeptoren in ihrer Zellmembran. Spermienzellen haben mit über 20 verschiedenen Duftstoffrezeptoren besonders viele davon. Im Sekret der Scheide sind bisher 15 verschiedene Duft-

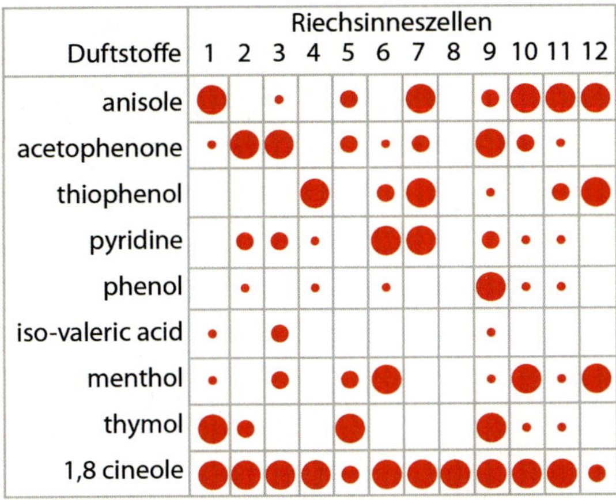

Duftstoffe	Riechsinneszellen 1	2	3	4	5	6	7	8	9	10	11	12
anisole	⬤		•		●		⬤		●	⬤	⬤	⬤
acetophenone	•	⬤	⬤		●	•	●		⬤	●	•	
thiophenol				⬤		●	⬤		•		●	⬤
pyridine		●	●	•		⬤	⬤		●	•	•	
phenol		•		•		•			⬤	•	•	
iso-valeric acid	•		●						•			
menthol	•		●		●	⬤			•	⬤	•	⬤
thymol	⬤	●			⬤				⬤	•	•	
1,8 cineole	⬤	⬤	⬤	⬤	●	⬤	⬤	⬤	⬤	⬤	⬤	●

2: Duftstoffe erzeugen im Riechepithel typische Erregungsmuster der Riechsinneszellen.

stoffe nachgewiesen. Beispielsweise lockt Maiglöckchenduft Spermien an und bewirkt, dass sie ihre Geschwindigkeit verdoppeln. Die Dichte an Duftstoffrezeptoren ist auch am Gebärmutterhals extrem hoch. Einlass erhält nur, wer gut riecht.

Wirkung von Düften

Die Wirkung von Düften auf uns Menschen wird schon seit Jahrhunderten in Parfums genutzt. Cineol, ein ätherisches Öl aus Eukalyptus oder Lorbeer, wirkt anregend, während Geraniol aus Geranien und Rosen beruhigt. Der Duftstoff Hedion, ein Bestandteil in Jasminöl, schafft Vertrauen und fördert die Kommunikation. Alle drei Stoffe kommen in Parfums zum Einsatz.

Medizinische Anwendungen

Neuerdings gewinnt die Wirkung von Düften auf Organe und Zellen in der Medizin an Bedeutung. Viele Krebszellen produzieren große Mengen eines bestimmten Duftstoffrezeptors und lassen sich daran erkennen. Beispielsweise kann Blasenkrebs inzwischen anhand von speziellen Duftrezeptoren der Tumorzellen im Urin nachgewiesen werden. Die Tumorzellen haben auffallend viele Duftstoffrezeptoren für Sandelholz in der Zellmembran. Interessant ist die Beobachtung, dass der entsprechende Duftstoff von Sandelholz das Wachstum dieser Tumorzellen stark eingeschränkt. Es besteht die Hoffnung, dass man Tumore nicht nur anhand von Duftstoffrezeptoren erkennen, sondern mit den entsprechenden Duftstoffen auch behandeln kann.

Auch Haarwurzelzellen, die das Haarwachstum steuern, verfügen über Duftstoffrezeptoren für Sandelholz. In Laborexperimenten konnte durch den Duftstoff die Lebensdauer der Haare um zwanzig Prozent gesteigert werden.

ANSICHTEN UND EINSICHTEN

Riechen ist eine grundlegende Eigenschaft von Zellen

Es gibt mehrere Hinweise dafür, dass Duftrezeptoren zur üblichen Ausstattung von Zellen gehören. Bisher wurde die Forschung zum Riechen stark auf den bewussten Riechsinn beschränkt. Die Entdeckung von extranasalen Duftstoffrezeptoren bietet nicht nur neue Erkenntnisse für die Medizin, sondern auch ein anderes Verständnis über das Riechen. Ganz allgemein können Zellen Stoffe aus der Umwelt registrieren und darauf reagieren. Viele Zellen kommunizieren über bestimmte Stoffe. Dies gilt für eng benachbarte Zellen und für Zellen in verschiedenen Lebewesen. Die Grenzen sind fließend. Wenn eine Nervenzelle über den synaptischen Spalt einen Transmitter ausschüttet, ein Hormon über die Blutbahn zu einem anderen Organ gelangt oder ein Pheromon in der Luft einen männlichen Schmetterling anlockt, geht es immer um die Kommunikation mit Signalstoffen. Auch Bakterien und andere Mikroben orientieren sich in der Umwelt über chemische Stoffe. Man spricht in diesem Fall häufig von Chemotaxis, aber im Grunde verbirgt sich dahinter dasselbe Prinzip wie beim Riechen.
Die *Chemotaxis* ist offensichtlich sehr weit verbreitet und evolutionsbiologisch sehr alt. Vermutlich stellt das Riechen eine sehr grundlegende Eigenschaft von Zellen dar.

AUFGABEN

1. Erklären Sie, dass wir mit nur 370 Typen von Riechsinneszellen einige Tausend Duftstoffe unterscheiden können.
2. Wenn wir sagen, dass ein Essen gut schmeckt, meinen wir vor allem, dass es gut riecht. Erklären Sie den biologischen Hintergrund.
3. Auf S. 15 sind einige Fragen aufgelistet. Beantworten Sie diese Fragen so, dass sie für eine Mitschülerin oder einen Mitschüler verständlich sind. Die Informationen dieses Kapitels helfen Ihnen dabei.

Lösungen als Download 

Erregungsleitung

3

Warum sind Nerven so lang?

Leiten Nerven Reize weiter?

Wie kommen Erregungen einer Nervenzelle zur nächsten?

Können Nervenzellen miteinander kommunizieren?

Was haben Nervenzellen mit Lernen zu tun?

Fließen in Nervenzellen elektrische Ströme?

Nervenzellen sind auf Erregungsleitung spezialisiert.

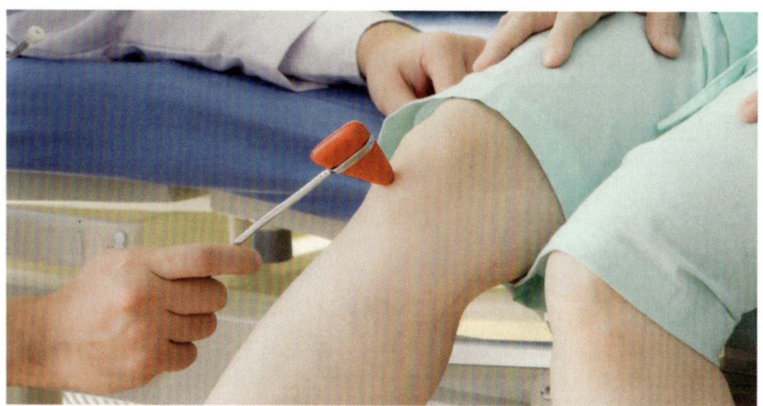
1: Ein Arzt testet die Reaktionsbereitschaft durch den Kniesehnenreflex.

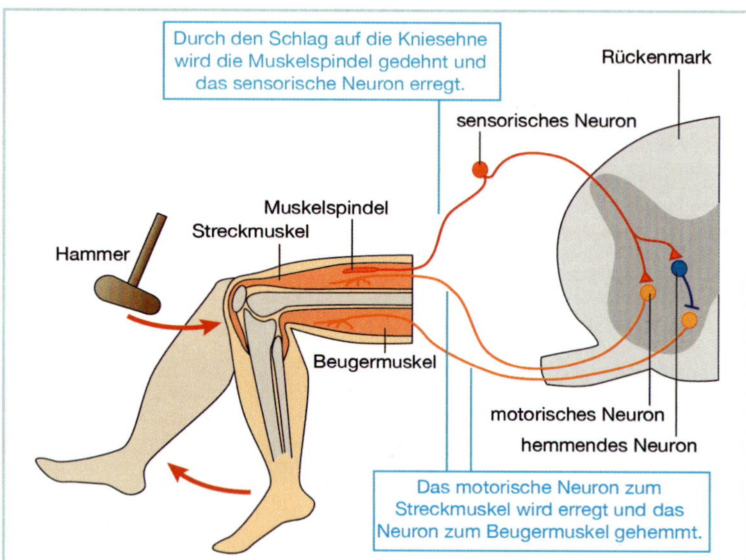

2: Beim Kniesehnenreflex erfolgt die Erregungsleitung über wenige Neuronen und führt schnell und unwillkürlich zu immer derselben Reaktion: das Vorschnellen des Unterschenkels (Kickbewegung).

Wenn wir uns den Finger an einer Kerzenflamme verbrennen, ziehen wir unwillkürlich die Hand zurück. Wenn der Arzt mit einem Gummihammer auf die Kniesehne schlägt, schwingt kurz darauf unser Unterschenkel nach vorn. Auch diese Reaktion erfolgt ohne willentliche Beeinflussung und verläuft immer ungefähr gleich. Solche unwillkürlichen Reaktionen auf bestimmte Reize nennt man Reflexe. Sie zeigen eine wichtige Funktion unseres Nervensystems: die schnelle Reaktion auf bestimmte Reize bzw. Gefahren. Grundlage für diese Funktion des Nervensystems ist die schnelle Weiterleitung und Verarbeitung von Erregungen durch Neuronen. Dazu zählen Sinneszellen und Nervenzellen.

Wie entsprechen sich Reiz und Erregung?

Sinneszellen werden durch Reize aus der Umwelt dazu veranlasst, Erregungen zu produzieren. Die Erregung besteht darin, dass sich das Membranpotenzial an der Zellmembran kurzfristig verändert (→ S. 12). Ein starker Reiz löst stärkere Erregung aus als ein schwacher Reiz. Die Art, wie die Reizstärke durch die Erregungen abgebildet wird, nennt man Codierung.

Prinzipiell gibt es zwei Möglichkeiten der Codierung. Die einfachste Form besteht darin, dass ein stärkerer Reiz eine höhere Amplitude des Rezeptorpotenzials bewirkt (→ S. 34). Bei Aktionspotenzialen hingegen ist die Amplitude immer gleich groß (Alles-oder-nichts-Prinzip, (→ S. 30). Bei ihnen wird die Stärke des Reizes durch die Anzahl der ausgelösten Aktionspotenziale pro Zeiteinheit codiert, also durch die Aktionspotenzialfrequenz (→ S. 35).

Darüber hinaus muss auch die Art des Reizes durch die Erregungen verschlüsselt sein. Da alle Erregungen in Nerven gleichartig sind, kann dies nicht durch die Form der Erregung erfolgen. Es wird dadurch gewährleistet, dass die Nerven von verschiedenen Sinnesorganen ausgehen, die jeweils nur auf bestimmte adäquate Reize reagieren (→ S. 20). Die Herkunft der Erregung zeigt also an, welche Art von Reiz die Erregung ausgelöst hat.

Wie werden Erregungen weitergeleitet?

Im Nervensystem werden Erregungen über Neuronen sehr schnell weitergeleitet. Durch ihre lan-

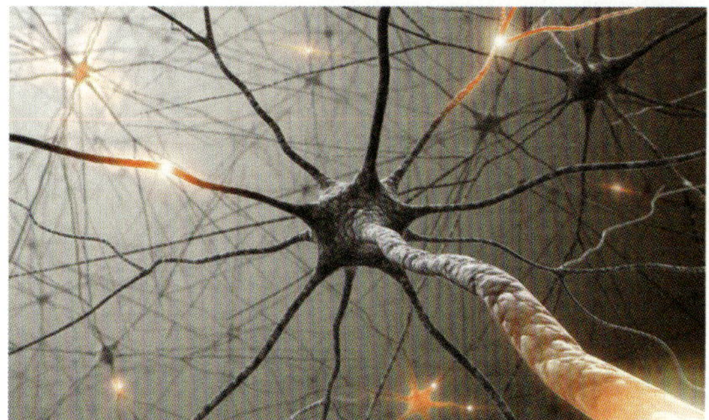

3: Nervenzellen haben auffallend lange Zellfortsätze.

gen Fortsätze (Axone) sind Nervenzellen für die Weiterleitung von Erregungen über lange Strecken geeignet. Es gibt Nervenzellen, deren Axone fast ein Meter lang sind. Damit ist der Zellfortsatz etwa 10 000-mal länger als der Zellkörper. Die Weiterleitung auf dem Axon erfolgt extrem schnell. Daher sind lange Fortsätze die zelluläre Grundlage für schnelle Reaktionen.

Wie werden Erregungen übertragen?

Trotz der beachtlichen Länge mancher Nervenzellen müssen Erregungen irgendwann auf weitere Nervenzellen übertragen werden. Die Übertragung geschieht über spezielle Kontakte, die Synapsen. Die Fortsätze einer Nervenzelle können verzweigt sein und in mehrere Synapsen münden. So können elektrische Erregungen von einer Nervenzelle auf viele weitere Nervenzellen übertragen werden.

Beim Kniesehnenreflex sind nur wenige Nervenzellen beteiligt (Abb. 2). Daher verläuft der Reflex sehr schnell. Die Verschaltung im Rückenmark enthält zwei unterschiedliche Synapsen-Typen: Über den einen wird die Erregung ungehindert weitergegeben (erregende Synapse), über den anderen wird die Erregung gehemmt (hemmende Synapse). Dadurch kontrahiert der vordere Oberschenkelmuskel, während der hintere Oberschenkelmuskel erschlafft. Folglich wird der Unterschenkel nach vorne bewegt (Kickbewegung). Vermutlich hat der Kniesehnenreflex die Funktion, dass ein Sturz beim Stolpern vermieden wird: Bleibt der Fuß an einem Stein hängen, wird die Kniesehne gedehnt. Noch bevor man hinfällt, schnellt der Unterschenkel automatisch nach vorn.

WÖRTER UND BEGRIFFE

Nerv und Nervenzellen

Nervenzellen sind ungewöhnlich geformt. Sie weisen neben dem Zellkörper (Soma) auffallend lange Zellfortsätze (Neuriten) auf. Die stark verzweigten Zellfortsätze, die Erregungen zum Zellkörper leiten, nennt man Dendriten. Die teilweise extrem langen Zellfortsätze, die Erregungen vom Zellkörper wegleiten, nennt man Axone oder Nervenfasern. Eine Nervenzelle darf nicht mit einem Nerv verwechselt werden. Ein Nerv besteht aus einem komplexen Bündel von Nervenfasern, die von Blutgefäßen versorgt werden und von einer Hülle umschlossen sind. Die Zellkörper der zugehörigen Nervenzellen gehören nicht zum Nerv.

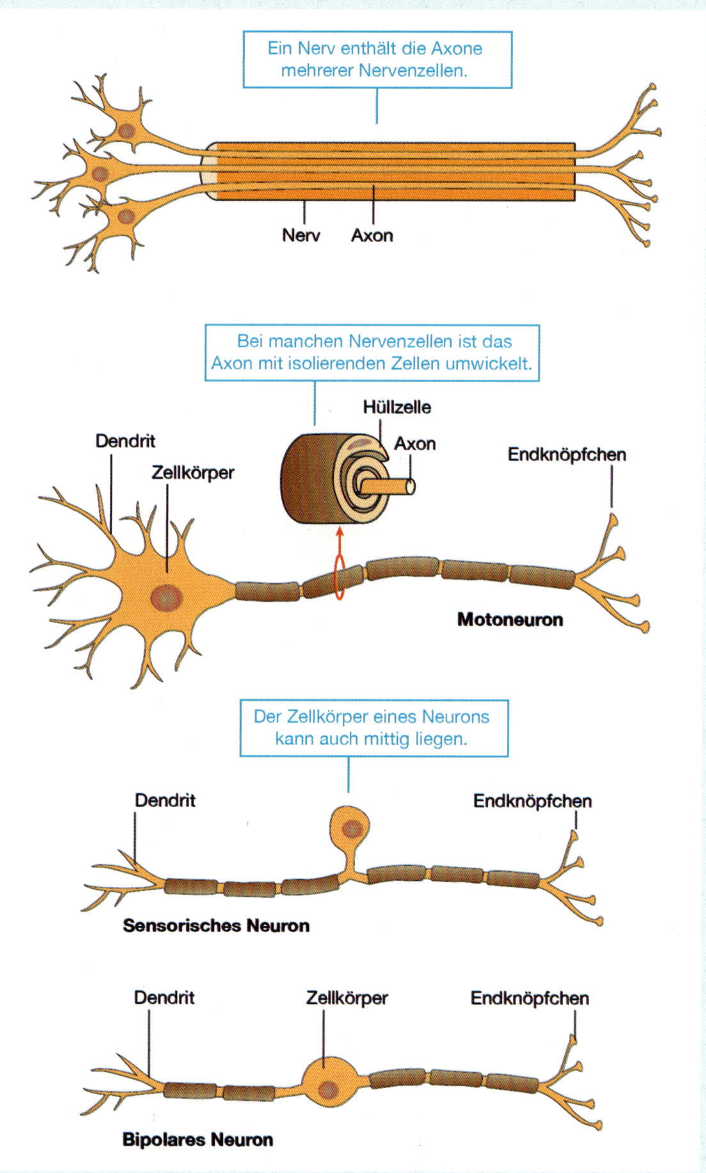

4: Nervenzellen können unterschiedlich geformt sein; charakteristisch sind die langen Zellfortsätze zur Erregungsleitung.

Nervenzellen können das Membranpotenzial sehr schnell verändern.

Alle Zellen haben ein Membranpotenzial. Nur Nervenzellen können ihre Membranpotenziale besonders schnell verändern. Mit feinen Messelektroden und einem Oszilloskop lassen sich Erregungen an der Zellmembran messen (Abb. 1).

Erregung an Dendriten und am Zellkörper

In der Membran von Denriten und Zellkörper ist die Amplitude der Depolarisation ein Maß für die Erregung. Sie entspricht in der Regel der Stärke des auslösenden Reizes (Codierung, → S. 34). In lebenden Zellen werden Erregungen an Dendriten und am Zellkörper dadurch ausgelöst, dass Signalmoleküle als Liganden an spezifische Rezeptormoleküle eines Ionenkanals binden (ligandengesteuerte Ionenkanäle). Da die Signalmoleküle nur kurzzeitig an den Kanal binden, hängt die Anzahl der geöffneten Ionenkanäle von der Konzentration des Signalstoffs ab. Je mehr Ionenkanäle geöffnet sind, desto stärker steigt das Membranpotenzial an und desto stärker ist die Erregung (Abb. 1). Solch eine amplitudenmodulierte Erregung nennt man Rezeptorpotenzial.

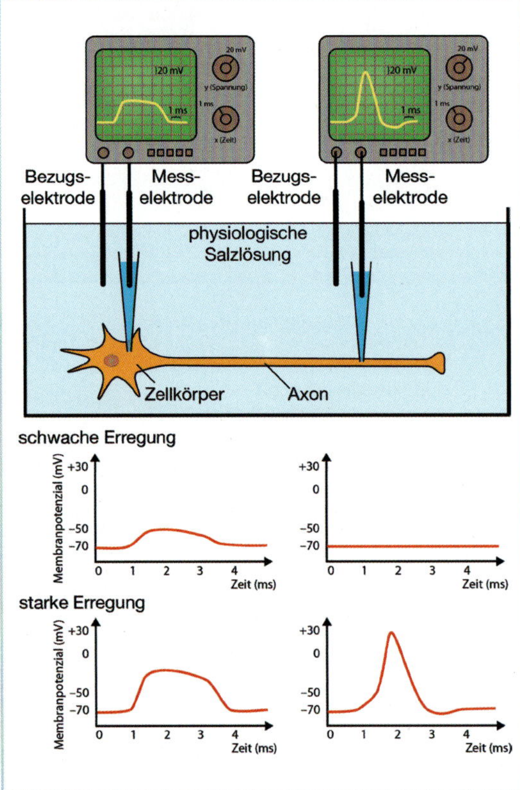

1: Membranpotenziale an Soma und Axon

Erregung am Axon

Eine Erregung am Axon unterscheidet sich grundsätzlich von einem Rezeptorpotenzial. Sie wird erst ausgelöst, wenn das bestehende Membranpotenzial eine bestimmte Schwelle überschreitet, verläuft dann aber immer gleichartig und erreicht immer dieselbe Amplitude. Solch eine schnelle und heftige Erregung nach dem Alles-oder-nichts-Prinzip nennt man Aktionspotenzial.

Ursache sind spannungsgesteuerte Ionenkanäle in der Axonmembran (Abb. 2). Sobald am Axonhügel eine Depolarisation stattfindet, öffnen sich einige Na^+-Ionenkanäle. Der damit verbundene Na^+-Einstrom bewirkt eine weitere Depolarisation. Durch diese positive Rückkopplung kommt es zu einem lawinenartigen Öffnen von Na^+-Ionenkanälen und damit zu einer schnellen Depolarisation. Nach etwa einer Millisekunde gehen die Na^+-Ionenkanäle in einen inaktiven Zustand über.

Während der Depolarisation öffnen sich auch spannungsgesteuerte K^+-Ionenkanäle, die nicht automatisch inaktiv werden. Die Permeabilität für K^+ bleibt also hoch, während die Permeabilität für Na^+ nach etwa einer Millisekunde wieder dem Ruhezustand entspricht. Durch die erhöhte Permeabilität für K^+-Ionen sinkt das Membranpotenzial sehr schnell (Repolarisation) und erreicht einen Wert unter dem Ruhepotenzial (Hyperpolarisation). Die spannungsgesteuerten K^+-Ionenkanäle schließen sich dadurch und es stellt sich wieder das Ruhepotenzial ein.

Ruhepotenzial: Ständig geöffnete K^+-Ionenkanäle bewirken ein Membranpotenzial von -70 mV.

Depolarisation: Das Öffnen spannungsgesteuerter Na^+-Ionenkanäle hebt das Potenzial auf +30 mV.

Repolarisation: Das Potenzial sinkt, da zusätzlich auch spannungsgesteuerte K^+-Kanäle öffnen.

Hyperpolarisation: Geöffnete spannungsgesteuerte K^+-Ionenkanäle senken das Potenzial unter -70 mV.

2: Das vorübergehende Öffnen von Na^+- und K^+-Ionenkanälen bewirkt ein Aktionspotenzial. Chloridionen (Cl^-) und andere Anionen (A^-) gelangen nicht durch die Membran.

ANSICHTEN UND EINSICHTEN

Permeabilitäten bestimmen das Membranpotenzial.

Häufig trifft man auf die Ansicht, dass beim Aktionspotenzial die schnelle Depolarisation auf dem Einstrom von vielen Na^+-Ionen beruht, da dadurch das Zellinnere schnell positiv wird. Bei der Repolarisation müssten dann genauso viele K^+-Ionen ausströmen, damit das Zellinnere wieder negativ wird. Diese Ansicht führt aber in Widersprüche. Zum einen müssten sich die Ionenkonzentrationen verändern und es dürfte sich danach nicht wieder das Ruhepotenzial einstellen. Die Natrium-Kalium-Pumpe kann dies nicht ausgleichen, da sie viel zu langsam arbeitet. Zum anderen lässt sich damit auch die Hyperpolarisation nicht erklären. Da die „zu viel" ausgeströmten K^+-Ionen nicht zurückgelangen, müsste die Hyperpolarisation bestehen bleiben. Messungen haben bestätigt, dass sich bei einem Aktionspotenzial die Konzentrationen in der Zelle fast nicht verändern. Das Aktionspotenzial entsteht nicht durch die Veränderung von Ionenkonzentrationen, sondern durch die vorübergehende Änderung von Permeabilitäten (➔ S. 7). Für jede Ionensorte an der Zellmembran besteht ein bestimmtes Gleichgewichtspotenzial. Je besser die Membran für ein bestimmtes Ion durchlässig ist, desto stärker beeinflusst dessen Gleichgewichtspotenzial das Membranpotenzial.

Durch das Öffnen von spannungsgesteuerten Na^+-Ionenkanälen nähert sich das Membranpotenzial dem Gleichgewichtspotenzial von Na^+ an, das bei +60 mV liegt. Während der Hyperpolarisation bewirken zusätzlich geöffnete spannungsgesteuerte K^+-Ionenkanäle, dass sich das Potenzial dem Gleichgewichtspotenzial von K^+ nähert, das bei −91 mV liegt. Erst wenn alle spannungsgesteuerten Ionenkanäle geschlossen sind, stellt sich wieder das Ruhepotenzial ein, da sich die Konzentrationen kaum verändert haben.

AUFGABEN

1 Ligandengesteuerte Ionenkanäle führen zu amplitudenmodulierten Rezeptorpotenzialen und spannungsgesteuerte Ionenkanäle zu Aktionspotenzialen nach dem Alles-oder-Nichts-Prinzip. Erläutern Sie die Zusammenhänge.

2 Nach einem Aktionspotenzial stellt sich wieder das ursprüngliche Ruhepotenzial ein. Erörtern Sie, warum dies ein Hinweis darauf ist, dass sich die Ionenkonzentrationen innerhalb und außerhalb der Zelle kaum verändert haben

3 Erklären Sie das Phänomen der Hyperpolarisation.

Lösungen als Download 

Axone sind auf schnelle Erregungsleitung spezialisiert.

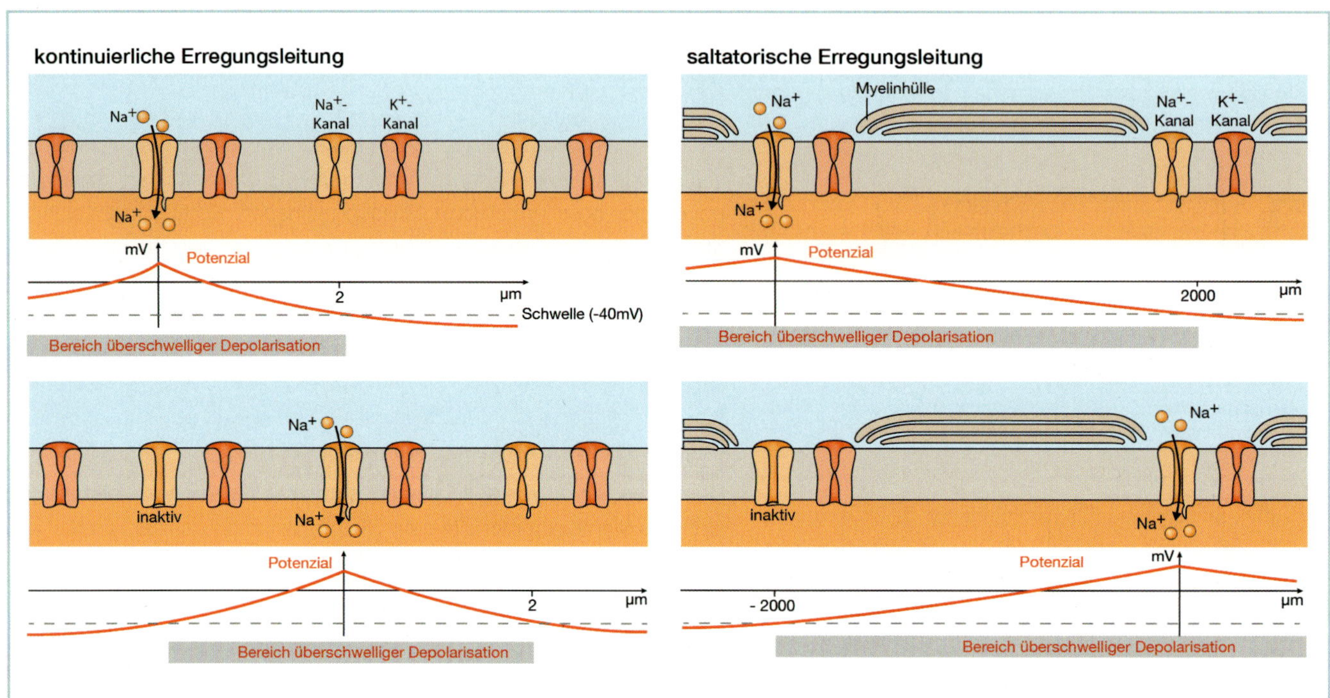

1: Kontinuierliche und saltatorische Erregungsleitung am Axon

Erst mit der Entstehung von großen mehrzelligen Organismen entstand der Bedarf an einer schnellen Erregungsleitung im Körper. Dabei dürfen sich Erregungen über lange Strecken nicht abschwächen. Der Vorteil von Aktionspotenzialen besteht darin, dass diese nach dem Alles-oder-nichts-Prinzip ablaufen und daher nicht abschwächen. Axone sind somit auf eine schnelle und verlustfreie Erregungsleitung spezialisiert.

Ursache der Erregungsleitung

Wenn während eines Aktionspotenzials an einer Stelle des Axons das Membranpotenzial auf z. B. +30 mV ansteigt, verändert sich auch das Membranpotenzial in der Nachbarschaft. Dieser Effekt beruht auf elektrischen Feldern in der Umgebung von Ladungen, deren Feldstärke mit zunehmender Entfernung abnimmt. Je dicker ein Axon ist, desto weiter reicht das elektrische Feld. Bewirkt es dabei eine überschwellige Depolarisation, wird ein weiteres Aktionspotenzial ausgelöst. Unter natürlichen Bedingungen befinden sich die zurückliegenden Na^+-Kanäle im refraktären Zustand, sodass nur Ionenkanäle in Richtung der nächsten Synapsen geöffnet werden können. Daher pflanzen sich Aktionspotenziale ausgehend vom Axonhügel nur in diese Richtung über das Axon fort.

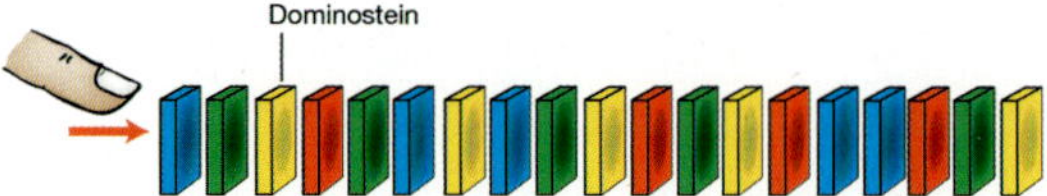

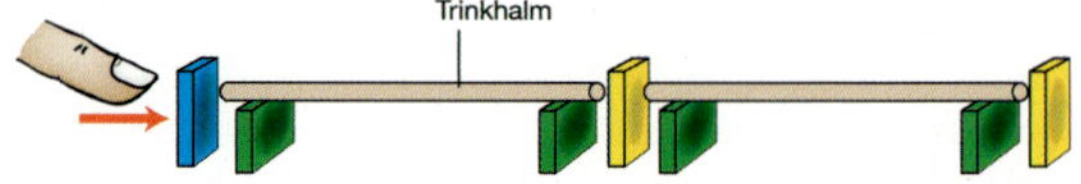

2: Einfache Modelle für die kontinuierliche und saltatorische Erregungsleitung

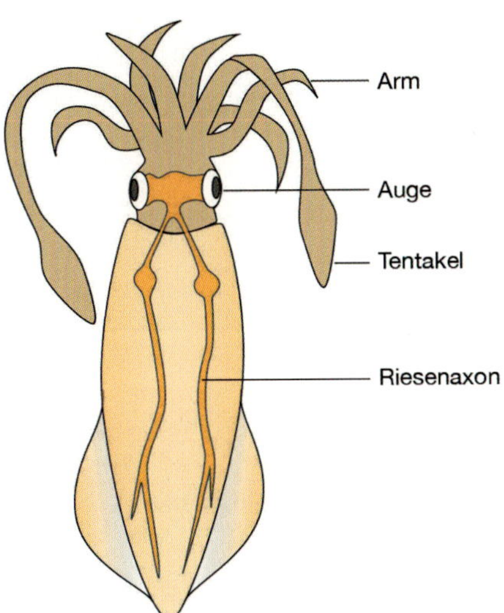

3: Der Kalmar Loligo vulgaris verfügt über besonders dicke Riesenaxone.

Kontinuierliche Erregungsleitung

Bei Axonen ohne Myelinscheide, wie sie in wirbellosen Tieren vorkommen, nimmt das elektrische Feld um Ionen schnell ab. Spannungsgesteuerte Na^+-Ionenkanäle öffnen sich nur bis in 2 µm Entfernung und lösen dort ein weiteres Aktionspotenzial aus. So entstehen entlang des Axons kontinuierlich neue Aktionspotenziale. Man spricht von einer kontinuierlichen Erregungsleitung.

Saltatorische Erregungsleitung

Bei Wirbeltieren finden sich besondere Axone, die von Zellen mit einer stark myelinhaltigen Membran umwickelt sind. Diese Myelinscheide dient als elektrischer Isolator und bewirkt, dass sich elektrische Felder nicht so schnell abschwächen. Im myelinisierten Axon löst ein Aktionspotenzial noch in tausendfach größerer Entfernung eine überschwellige Depolarisation aus (Abb. 1).
Genau in dieser Entfernung befinden sich Einschnürungen der Myelinscheide (Schnürringe) mit spannungsgesteuerten Na^+-Kanälen in der Membran. Offensichtlich sind in der Evolution die Abstände der Schnürringe den physikalischen Möglichkeiten exakt angepasst worden. Da sich das elektrische Feld fast mit Lichtgeschwindigkeit ausbreitet, springen die Aktionspotenziale sehr schnell von Schnürring zu Schnürring. Man nennt dies saltatorische Erregungsleitung.

ANSICHTEN UND EINSICHTEN

Die Myelinisierung spart Material und Energie.

Für Raubtiere und für Beutetiere ist die Fähigkeit zu schnellen Reaktionen jeweils lebenswichtig. Dies ist sicher ein Grund dafür, dass mehrzellige Organismen leistungsfähige Nervensysteme ausgebildet haben. Wenn aber sowohl der Räuber als auch die Beute über ein Nervensystem verfügen, bieten Nervenzellen mit besonders hohen Leitungsgeschwindigkeiten einen Selektionsvorteil. In der Evolution sind verschiedene Strukturen entstanden, die eine schnelle Erregungsleitung ermöglichen.

Wirbellose Tiere haben keine myelinisierten Axone. Allerdings haben Kalmare der Gattung Loligo (Abb. 3) und andere Wirbellose besonders dicke Riesenaxone entwickelt, die hohe Leitungsgeschwindigkeiten ermöglichen. Dicke Axone benötigen aber auch viel Material und Energie.

Eine bessere Lösung wurde von einigen Wirbeltieren entwickelt. In deren myelinisierten Axonen werden trotz eines geringen Durchmessers sehr hohe Leitungsgeschwindigkeiten erreicht. Zudem gelangen nur an den Schnürringen Ionen durch die Membran und nur diese müssen später unter Energieaufwand wieder zurückgeführt werden. Myelinisierte Axone sparen somit Material und Energie.

	Kalmar	Schabe	Frosch	Katze
gleichwarm	nein			ja
Myelinisierung	nein		ja	
Durchmesser	500 µm	50 µm	14 µm	15 µm
Leitungs-geschwindigkeit	20 m/s	7 m/s	25 m/s	100 m/s

AUFGABEN

1 Beschreiben Sie die kontinuierliche und saltatorische Erregungsleitung mithilfe der in Abb. 2 dargestellten Modelle aus Dominosteinen.

2 Im Labor kann an einem nicht erregten Axon in der Mitte ein Aktionspotenzial ausgelöst werden.
Erklären Sie die weitere Ausbreitung von Aktionspotenzialen.

3 Erregungsleitung ist ein missverständlicher Terminus, da man damit fälschlicherweise annimmt, dass ein einzelnes Erregungspotenzial über das Axon geleitet wird.
Erläutern Sie den Sachverhalt.

Lösungen als Download 

Die Reizstärke wird an verschiedenen Zellstrukturen unterschiedlich codiert.

1: Die Reizstärken werden am Dendriten, am Zellkörper und am Axon einer (primären) Sinneszelle oder Nervenzelle unterschiedlich abgebildet.

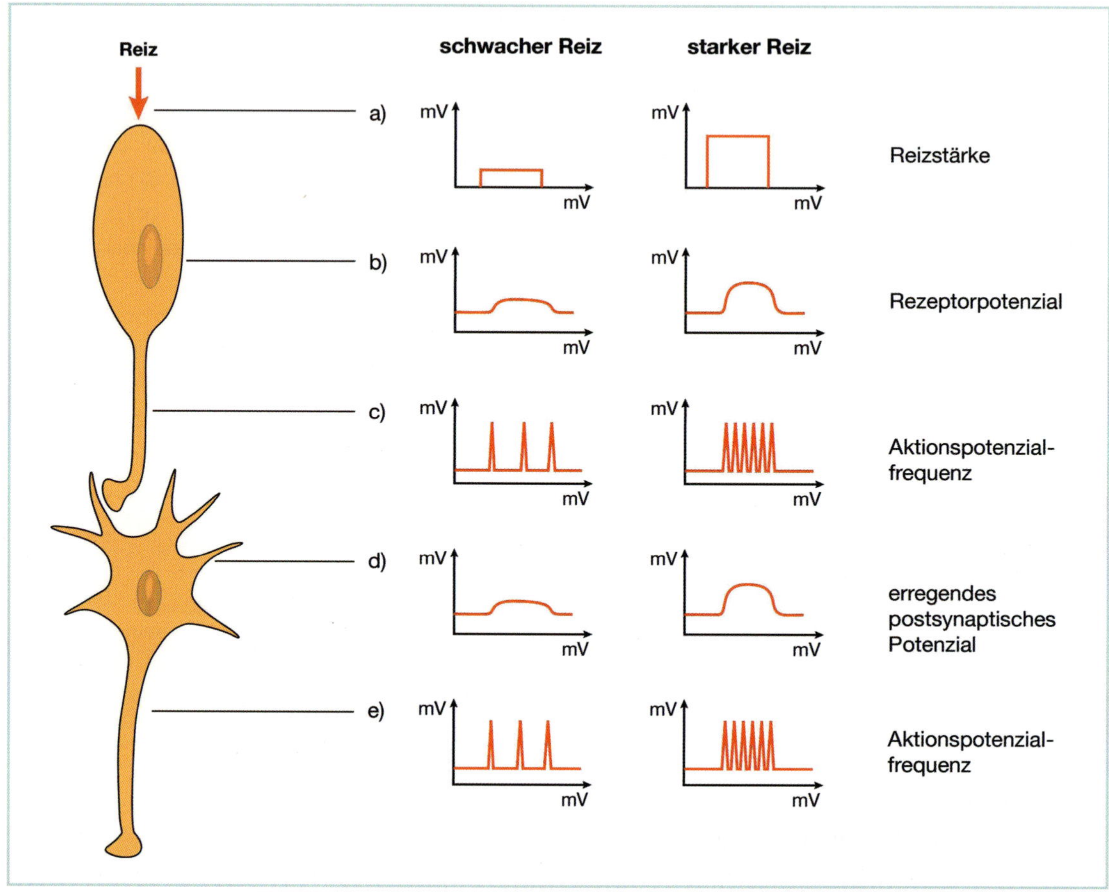

Da es sich bei den Erregungen immer um schnelle Änderungen des Membranpotenzials handelt, stellt sich die Frage, wie dabei verschlüsselt (codiert) wird, ob die Erregungen durch einen starken oder schwachen Reiz ausgelöst werden. Für diese Codierung der Reizstärke gibt es prinzipiell zwei Möglichkeiten.

Rezeptorpotenziale unterscheiden sich in der Amplitude

Die Erregungen, die eine Sinneszelle (Sensorzelle) auf einen Reiz hin erzeugt, erreichen eine umso größere Amplitude, je stärker der auslösende Reiz ist. Zum Beispiel bewirkt eine Kraft an einer mechanischen Sinneszelle, dass sich einzelne Ionenkanäle öffnen. Je stärker die einwirkende Kraft ist, desto mehr Ionenkanäle werden geöffnet. Die veränderte Permeabilität bewirkt einen Anstieg des Membranpotenzials (Abb. 1b). Das Rezeptorpotenzial dauert so lange an, wie die Kraft auf die Sensorzelle für Druck einwirkt.

Ein Membranpotenzial mit hoher Amplitude löst auch in der nachfolgenden Nervenzelle sowohl an den Dendriten als auch am Zellkörper Rezeptorpotenziale mit einer hohen Amplitude aus (Abb. 1d). An all diesen Stellen ist die Reizstärke durch die Amplitude der Potenzialänderung codiert. Man spricht von einer amplituden-

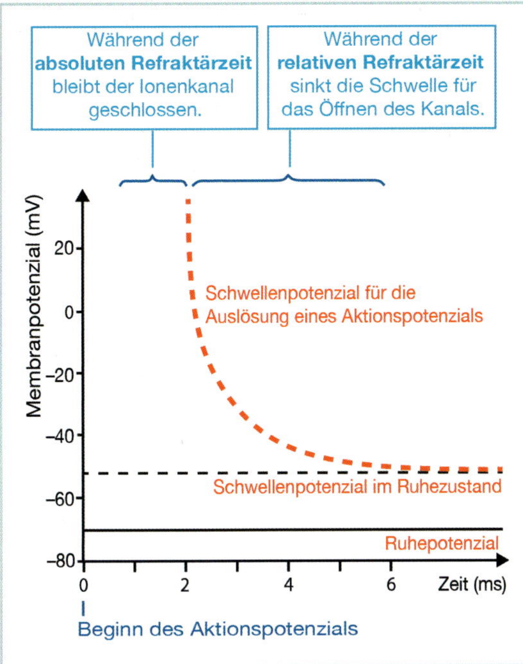

2: Absolute und relative Refraktärzeit der Na^+-Kanäle im Axon

modulierten Codierung. Dies gilt auch bei postsynaptischen Potenzialen der Nervenzellen.

Erregung durch Aktionspotenziale unterscheidet sich in der Frequenz

In der Axonmembran einer Sinnes- oder Nervenzelle liegen spannungsgesteuerte Ionenkanäle. Diese bewirken, dass Aktionspotenziale nach dem Alles-oder-nichts-Prinzip ablaufen und immer die gleiche Amplitude erreichen. Die Reizstärke kann somit nicht durch die Höhe der Amplitude codiert sein. Ein stärkerer Reiz bzw. ein stärkeres Rezeptorpotenzial bewirken, dass am Axonhügel Aktionspotenziale in schnellerer Folge entstehen. Die Reizstärke wird durch die Frequenz der Aktionspotenziale codiert (Abb. 1c, e). Man spricht von einer frequenzmodulierten Codierung.

Die unterschiedlichen Frequenzen der Aktionspotenziale entstehen durch eine Besonderheit am Ende der Refraktärzeit (Abb. 2). Da die Schwelle für das Öffnen des Kanals langsam sinkt, können starke Depolarisationen den Kanal früher wieder öffnen. Je höher die Amplitude des Rezeptorpotenzials bzw. postsynaptischen Potenzials am Axonhügel ist, desto eher werden erste Na^+-Ionenkanäle wieder öffnen und desto schneller entsteht das nächste Aktionspotenzial. Daher bewirkt ein höheres Membranpotenzial eine höhere Frequenz von Aktionspotenzialen.

WÖRTER UND BEGRIFFE

Analog und digital

Bei einer Riechsinneszelle wird die Reizstärke im Bereich der Dendriten und des Zellkörpers durch die Amplitude des Membranpotenzials codiert. Je höher der Reiz, desto höher die Amplitude des Rezeptorpotenzials. Dies liegt daran, dass in diesen Bereichen ligandengesteuerte Ionenkanäle in der Membran liegen. Je mehr Duftmoleküle vorhanden sind, desto mehr Ionenkanäle werden geöffnet. Dies gilt in ähnlicher Weise für andere Neuronen. Beispielsweise werden bei Haarsinneszellen durch eine stärkere Auslenkung der Haarfortsätze mehr Ionenkanäle geöffnet. Allgemein gilt für Dendriten und Zellkörper: Die Reizstärke ist durch die Amplitude der Membranpotenziale analog codiert.

Im Bereich des Axonhügels und des Axons befinden sich in der Zellmembran spannungsgesteuerte Ionenkanäle. Durch positive Rückkopplung entstehen Aktionspotenziale nach dem Alles-oder-nichts-Prinzip. Nach einem Aktionspotenzial geraten diese Ionenkanäle in einen inaktiven Zustand (Refraktärzeit). Am Ende der Refraktärzeit sinkt die Schwelle für das Öffnen der Ionenkanäle allmählich. Dies ist die Ursache dafür, dass am Axonhügel umso schneller Aktionspotenziale entstehen, je höher das Membranpotenzial ist. Am Axonhügel und am Axon vieler Nervenzellen ist die Reizstärke durch die Frequenz der Aktionspotenziale digital codiert.

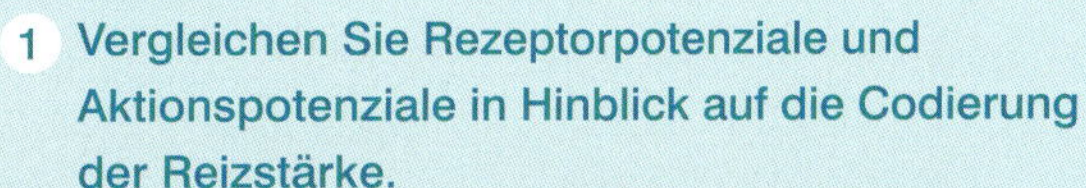

AUFGABEN

1 Vergleichen Sie Rezeptorpotenziale und Aktionspotenziale in Hinblick auf die Codierung der Reizstärke.

2 Erklären Sie den Zusammenhang zwischen der Art der Ionenkanäle und der Art der Codierung.

3 Erläutern Sie mithilfe von Abb. 2, dass ein großes Rezeptorpotenzial am Axonhügel eine hohe Aktionspotenzialfrequenz bewirkt.

Lösungen als Download 

An Synapsen werden Erregungen von einer Zelle auf eine andere übertragen.

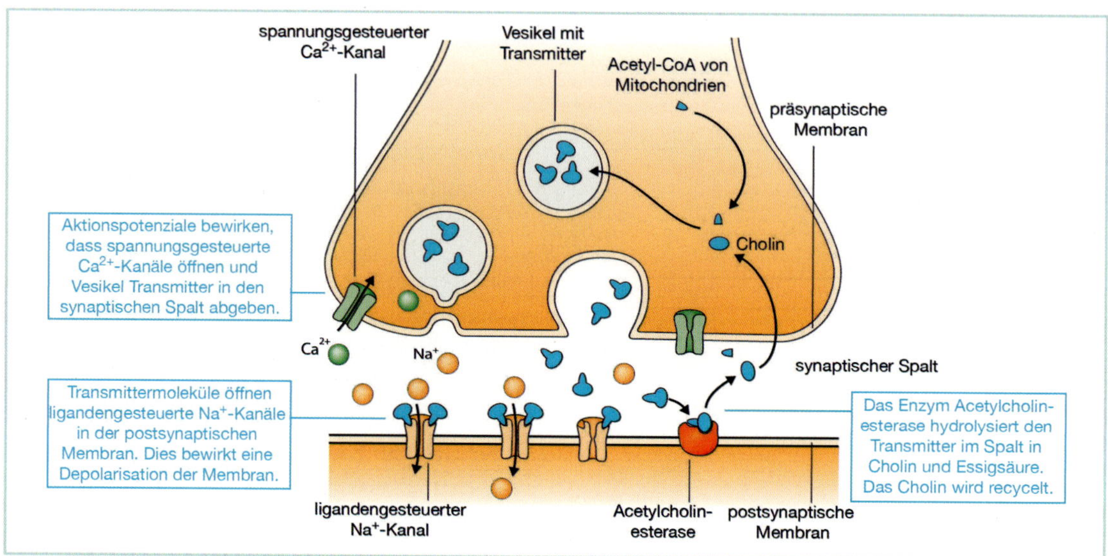

1: Die chemische Synapse verwendet einen Transmitter als Botenstoff, mit dessen Hilfe die Erregung über den synaptischen Spalt auf die nächste Zelle übertragen wird.

Um Erregungen im Körper über weite Strecken zu leiten, müssen Erregungen von einer Zelle auf eine nachfolgende Zelle übertragen werden. Dies erfolgt über spezielle Zellkontakte, die Synapsen. Man unterscheidet elektrische und chemische Synapsen.

Elektrische Synapsen

Die einfachste Möglichkeit, eine Erregung auf die nachfolgende Zelle zu übertragen, ist eine elektrische Verbindung zwischen den beiden Zellen. Im Bereich einer elektrischen Synapse (gap junction) ist der Abstand der beiden Zellmembranen mit etwa 4 nm sehr gering. In den Membranen der benachbarten Zellen bilden gegenüberliegende Kanalproteine einen gemeinsamen Ionenkanal. Durch diese Kanäle gelangen Ionen von einer Zelle in die nächste. Dadurch überträgt sich eine Depolarisation unmittelbar auf die Membran der nachfolgenden Zelle.

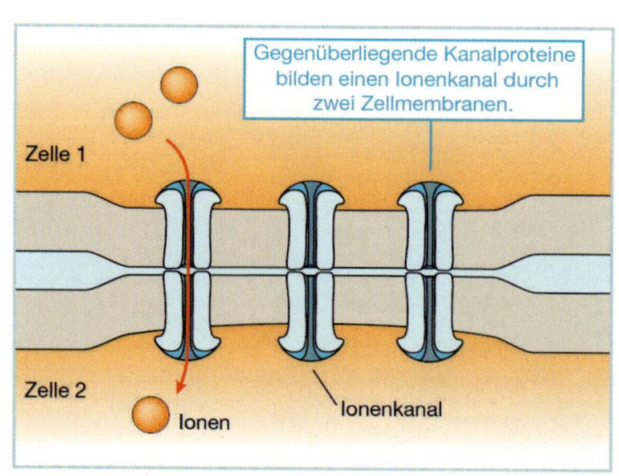

2: Die gap junction ist eine elektrische Synapse.

Chemische Synapsen

Bei den meisten Synapsen wird die Erregung durch einen Botenstoff (Transmitter) übertragen (Abb. 1). Bei solchen chemischen Synapsen beträgt der Abstand zwischen den Zellen etwa 30 nm. Eine ankommende Erregung bewirkt im Endknöpfchen das Öffnen von Ca^{2+}-Kanälen und dadurch einen Ca^{2+}-Einstrom (Abb. 1). Daraufhin geben einige Vesikel, die mit der präsynaptischen Membran verschmelzen, Transmitter in den synaptischen Spalt ab. Durch Diffusion gelangen die Transmittermoleküle über den synaptischen Spalt und binden an passende Rezeptoren in der post-

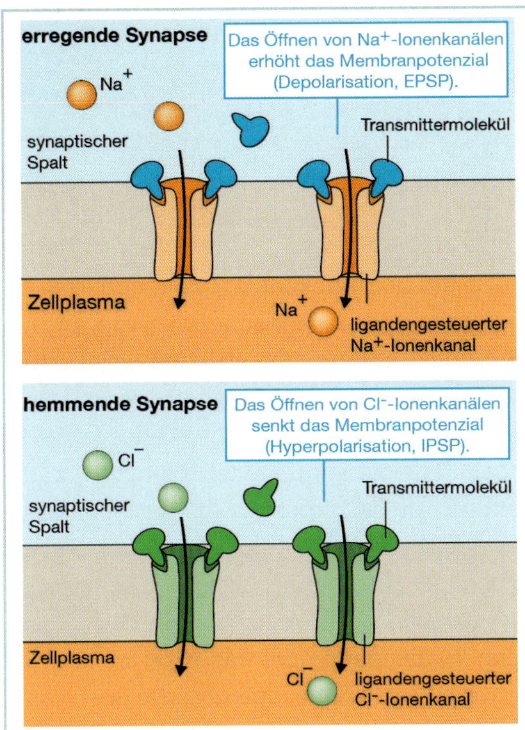

3: Vorgänge an einer erregenden und an einer hemmenden Synapse

synaptischen Membran. Dies bewirkt das Öffnen von Ionenkanälen und den Einstrom von Ionen (z. B. Na^+-Ionen) in die postsynaptische Zelle.

Erregende und hemmende Synapsen

Es gibt verschiedene Transmitter und jeweils dazu passende ligandengesteuerte Ionenkanäle in der postsynaptischen Membran. Häufige Transmitter zwischen Nervenzellen sind Dopamin, Serotonin, Adrenalin und Acetylcholin. Acetylcholin kommt auch bei den Synapsen zwischen Motoneuronen und Muskelzellen, den sogenannten motorischen Endplatten, vor.
Wenn ein Transmitter in der postsynaptischen Membran eine Depolarisation hervorruft, spricht man von einem erregenden postsynaptischen Potenzial (EPSP) und entsprechend von einer erregenden Synapse. Dies kann dadurch erfolgen, dass der Transmitter in der postsynaptischen Membran Na^+-Ionenkanäle öffnet (Abb. 1 und Abb. 3 oben).
Falls der Transmitter in der postsynaptischen Membran einen Einstrom von Cl^--Ionen bewirkt, hat dies eine Hyperpolarisation zur Folge. Da diese Absenkung des Membranpotenzials eine Erregung der nachfolgenden Zelle behindert, spricht man auch von einem inhibitorischen postsynaptischen Potenzial (IPSP) und einer hemmenden Synapse.

WÖRTER UND BEGRIFFE

Kommunikation über Botenstoffe

Die chemische Synapse ist ein Beispiel für die Kommunikation zwischen zwei Zellen über einen Botenstoff. Der Botenstoff kann nur vom Endknöpfchen der präsynaptischen Zelle abgegeben werden und nur in der postsynaptischen Zelle eine Wirkung hervorrufen. Bei Nervenzellen werden die Botenstoffe als Transmitter bezeichnet. Vergleichbare Vorgänge finden sich auch bei Hormondrüsen. Spezielle Zellen produzieren einen Botenstoff, der auf Zielzellen mit passenden Rezeptoren in der Zellmembran einwirkt. Sowohl bei Transmitter als auch Hormonen gilt das Schlüssel-Schloss-Prinzip zwischen Botenstoffmolekül und Rezeptor. Üblicherweise bezeichnet man Botenstoffe, die über das Blut zu den Zielzellen transportiert werden als endokrine Hormone. Es gibt aber auch Hormone, die nicht ins Blut gelangen, sondern im Gewebe verbleiben. Diese parakrinen Hormone werden auch Gewebshormone genannt. Die Leydigzellen in den Hoden produzieren sogar sowohl endokrine Hormone, die über das Blut transportiert werden, als auch parakrine Hormone, die lokal wirken.
Es gibt Nervenzellen, deren Botenstoffe wie Hormone wirken. Die Hypophyse im Gehirn produziert Botenstoffe, welche die Tätigkeit bestimmter Hormondrüsen steuern. Üblicherweise spricht man von Steuerungshormonen. Im Hypothalamus befinden sich Nervenzellen, die Botenstoffe ins Blut abgeben. Diese werden ebenfalls als Hormone bezeichnet. Transmitter und Hormone sind Botenstoffe mit sehr ähnlicher Funktion. Die Grenzen sind fließend. Ein Transmitter in einer chemischen Synapse ist im Grunde nichts anderes als ein Gewebshormon zwischen zwei Nervenzellen.

AUFGABEN

1 Vergleichen Sie elektrische und chemische Synapsen in Hinblick auf Schnelligkeit und Anpassungsfähigkeit.

2 Beschreiben Sie anhand von Abb. 3, wie es bei einer erregenden Synapse zu einem EPSP und bei einer hemmenden Synapse zu einem IPSP kommt.

3 Erläutern Sie mögliche Faktoren, die bei einer chemischen Synapse die Erregungsübertragung beeinflussen können.

Lösungen als Download 

Die Verschaltung von Nervenzellen ermöglicht die Verrechnung von Erregungen.

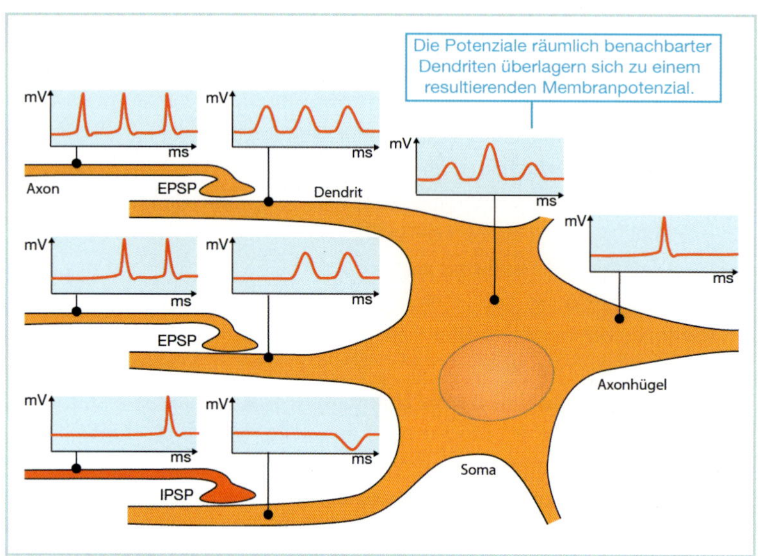

1: Räumliche Summation: Mehrere postsynaptische Potenziale verschiedener Dendriten summieren sich am Zellkörper.

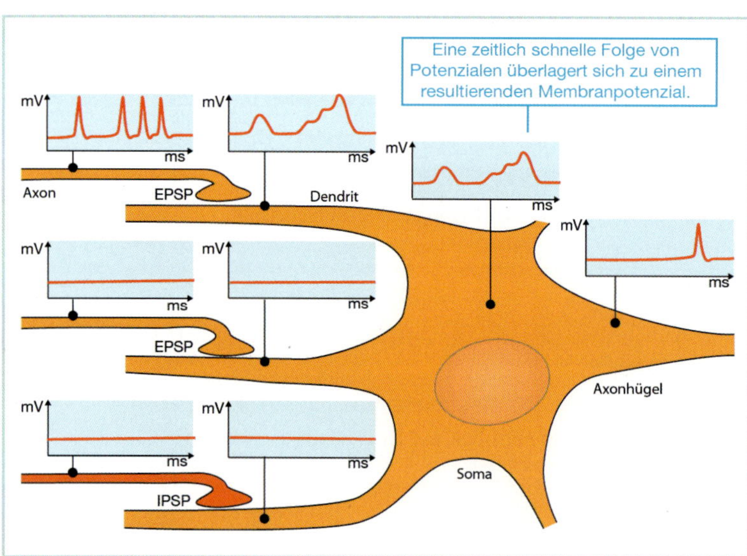

2: Zeitliche Summation: Mehrere postsynaptische Potenziale, die in schneller Folge an einem Dendriten ablaufen, überlagern sich am Zellkörper.

Im Gehirn und Rückenmark kommen viele Erregungen von sensorischen Nerven an und werden an andere Nervenzellen weitergegeben. An den Dendriten einer Nervenzelle können mehrere Tausend Synapsen anderer Zellen liegen. Die postsynaptischen Potenziale überlagern sich am Zellkörper und am Axonhügel zu einem resultierenden Membranpotenzial. Erst am Axonhügel befinden sich spannungsgesteuerte Na^+-Kanäle, die ein Aktionspotenzial auslösen können, das dann über das Axon weitergeleitet wird. Bei der Überlagerung der postsynaptischen Potenziale lassen sich zwei Effekte unterscheiden.

Räumliche Summation

Häufig führt ein einziges erregendes postsynaptisches Potenzial (EPSP) eines Dendriten noch nicht zu einer überschwelligen Depolarisation des Axonhügels. Das liegt daran, dass sich das Membranpotenzial bei der Ausbreitung über das Soma allmählich abschwächt und am Axonhügel nur eine geringe Depolarisation entsteht.

Wenn an verschiedenen Dendriten mehrere EPSPs ankommen, können sich diese schwachen Depolarisationen am Axonhügel zu einer überschwelligen Depolarisation summieren (Abb. 1). Man spricht in diesem Fall von einer räumlichen Summation der Potenziale.

Wenn aber gleichzeitig an einigen Dendriten auch inhibitorische postsynaptische Potenziale (IPSPs) ankommen, fällt das resultierende Membranpotenzial am Axonhügel wieder geringer aus. Letztlich erfolgt ständig eine Summation aller EPSPs und IPSPs, die zusammen ein resultierendes Potenzial ergeben. Sofern dieses am Axonhügel überschwellig ist, kommt es zur Öffnung von spannungsgesteuerten Ionenkanälen und zur Ausbildung von Aktionspotenzialen.

Zeitliche Summation

Wenn an einem Dendriten in schneller Folge mehrere EPSPs eintreffen, können sich die Membranpotenziale am Zellkörper überlagern (Abb. 2). Dies entsteht dadurch, dass jedes ankommende Aktionspotenzial im Endknöpfchen der Synapse zur Ausschüttung von Transmittermolekülen führt. Wenn das nächste Aktionspotenzial bereits ankommt, bevor der zuvor ausgeschüttete Transmitter aus dem synaptischen Spalt entfernt werden konnte, erhöht sich die Transmitterkonzentration im synaptischen Spalt. Die schrittweise Erhöhung der Transmitterkonzentration wirkt sich auf das postsynaptische Potenzial aus. Während die erste Depolarisation noch nicht vollständig abgeklungen ist, kommt die zweite Depolarisation bereits hinzu. Zeitlich aufeinanderfolgende Potenziale summieren sich auf diese Weise. Man spricht von zeitlicher Summation.

Verrechnung von Erregungen am Soma

Indem sich alle einlaufenden erregenden und hemmenden postsynaptischen Potenziale am Zellkörper überlagern und räumlich und zeitlich summieren, kommt es am Axonhügel ständig zu einem resultierenden Membranpotenzial. So werden am Zellkörper alle einlaufenden Erregungen gewissermaßen verrechnet. EPSPs machen die Entstehung von Aktionspotenzialen am Axonhügel wahrscheinlich und IPSPs unwahrscheinlich.

Je höher das resultierende Membranpotenzial am Axonhügel ist, desto mehr Aktionspotenziale entstehen in einer bestimmten Zeitspanne: Eine hohe Amplitude des (analogen) Membranpotenzials am Axonhügel hat eine hohe Frequenz der (digitalen) Aktionspotenziale am Axon zur Folge.

WÖRTER UND BEGRIFFE

Erregungen sind noch keine Informationen

Immer wieder kann man lesen, dass Nervenzellen im Gehirn Informationen oder Signale leiten. Solche Formulierungen sind missverständlich und sollten nicht wörtlich verstanden werden.

Die Bezeichnungen „Information“ und „Signal“ sind in diesem Zusammenhang nicht so zu verstehen, dass sie sinnstiftende Inhalte enthalten würden. Im Nervensystem wird nicht die Bedeutung eines Reizes als Informationen weitergegeben. Es werden nur elektrische Erregungen weitergeleitet, die alle ähnlich aussehen.

Beispielsweise sind Erregungen im Hörnerv und Sehnerv gleichartig. Über den Hörnerv laufen keine Töne und über den Sehnerv keine Farben. Diese Interpretationen erfolgen erst viel später im Gehirn. Alle Erregungen, die über den Hörnerv im Gehirn ankommen, werden als Töne oder Geräusche ausgewertet. Alle Erregungen, die über den Sehnerv im Gehirn ankommen, werden als Licht ausgewertet. Insbesondere kann das Auge auch keine Formen oder Körper erfassen. Solche Interpretationen werden erst im Gehirn aus vielen einzelnen Erregungen konstruiert.

Auch die Bezeichnung „Verrechnung“ soll nicht ausdrücken, dass die Zelle tatsächlich rechnet. Vielmehr geht es um physikalische Effekte wie räumliche und zeitliche Summation. Diese finden zwangsläufig statt und führen dazu, dass verschiedene Erregungen neue Erregungen ergeben.

Letztlich ergibt sich die inhaltliche Bedeutung der Erregungen im Nervensystem erst durch die Verknüpfungen und Prozesse im Gesamtsystem, insbesondere im Gehirn.

AUFGABEN

1. Beschreiben Sie den Unterschied zwischen räumlicher und zeitlicher Summation.
2. „Am Zellkörper kommt es zur Verrechnung der Erregungen verschiedener Zellen.“ Erläutern Sie, was mit dieser Aussage gemeint ist.
3. Am Axonhügel werden analoge Erregungen in eine digitale Form umcodiert. Erklären Sie dies.

Lösungen als Download 

Synaptische Plastizität ist die zelluläre Grundlage für Lernprozesse.

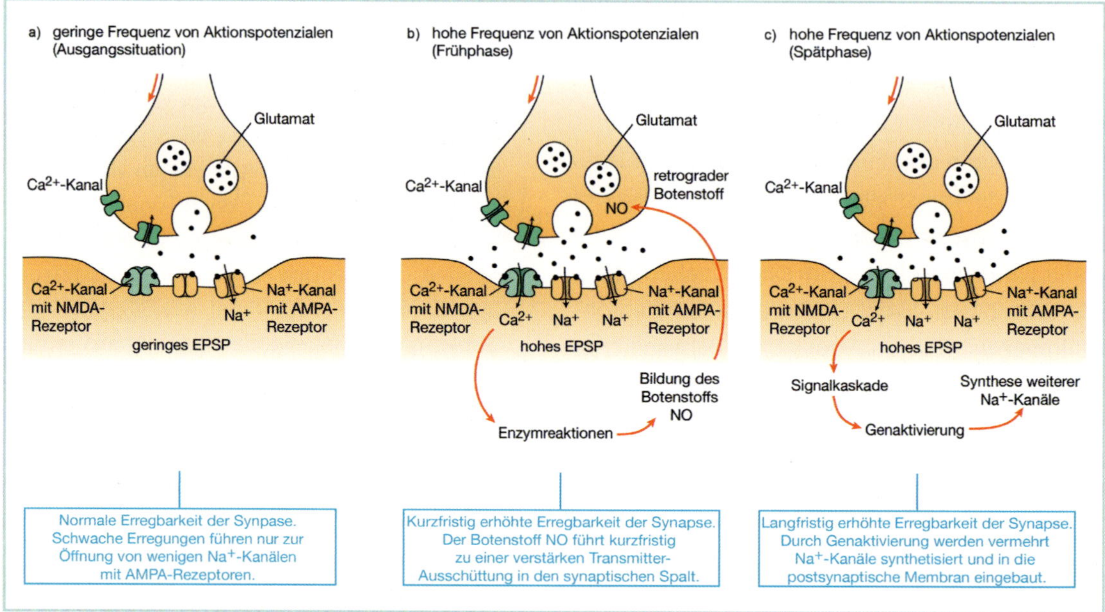

1: Eine zelluläre Grundlage für Lernprozesse ist die synaptische Plastizität;
a) normale Synapsenfunktion,
b) kurzfristige Effekte,
c) langfristige Effekte.

Häufiges Wiederholen unterstützt das Lernen. Welche zellulären Prozesse führen dazu, dass eine neuronale Leistung nach häufiger Wiederholung immer besser wird? Im Jahr 2006 gelang der Nachweis, dass Synapsen bei wiederholter Aktivität die Stärke der synaptischen Übertragung verändern. Man spricht dabei von synaptischer Plastizität.

Ein wichtiger zellulärer Vorgang beim Lernen ist die langfristige Verstärkung der Synapsenfunktion (long-term potentiation, LTP). Diese Langzeitpotenzierung wurde unter anderem bei Synapsen im Hippocampus beobachtet, die den Transmitter Glutamat verwenden (Abb. 1). Ebenso wichtig ist auch die langfristige Abschwächung der Synapsenfunktion (long-term depression, LTD).

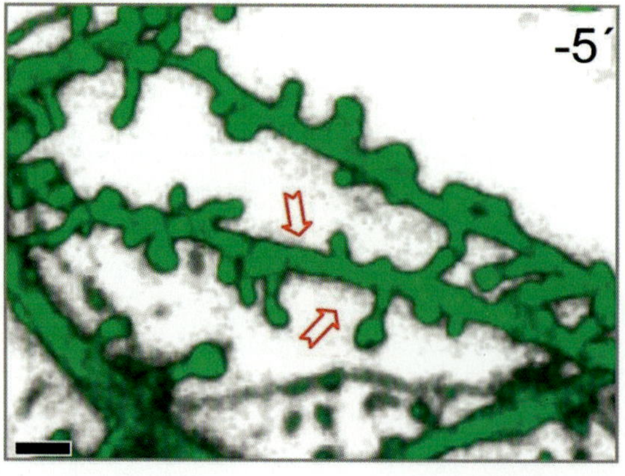

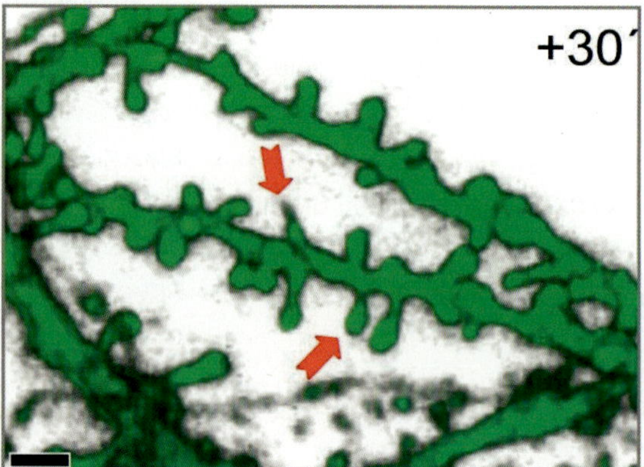

2: Dendriten können zusätzliche Ausstülpungen bilden.

Kurzfristige Effekte

Die Funktion einer Synapse lässt sich über einige Minuten dadurch verstärken, dass im Endknöpfchen trotz gleicher Frequenz der präsynaptischen Aktionspotenziale mehr Transmitter in den synaptischen Spalt ausgeschüttet werden. Dann ist die Effektivität der Synapse gesteigert. Eine wiederholte Aktivität der Synapse führt zum Öffnen von Ca^{2+}-Ionenkanälen in der postsynaptischen Membran. Ca^{2+}-Ionen können die Bildung von Stickstoffmonoxid (NO) auslösen (Abb. 1b). Dieser retrograde Botenstoff diffundiert in das Endknöpfchen zurück und bewirkt dort eine verstärkte Transmitter-Ausschüttung.
Insbesondere Zellen im Hippocampus zeigen eine besonders hohe Fähigkeit zur kurzfristigen Verstärkung. Der Hippocampus gehört zum limbischen System des Gehirns und ist beim Abspeichern und Abrufen von Lerninhalten aktiv. Offensichtlich sind kurzfristige Effekte der Plastizität eine wichtige Grundlage für das Kurzzeitgedächtnis.

Langfristige Effekte

Der Ca^{2+}-Einstrom nach einer wiederholten starken Aktivität der Synapse kann auch eine Signalkaskade auslösen, die über eine Genaktivierung zur Bildung von zusätzlichen Na^{+}-Kanälen mit AMPA-Rezeptoren und deren Einbau in die postsynaptische Membran führt (Abb. 1c). Dadurch wird die Effektivität der Synapse langfristig erhöht. Bei gleicher Transmitter-Konzentration im synaptischen Spalt kommt es zu einer stärkeren Depolarisation der postsynaptischen Membran. Eine weitere Form der langfristigen Veränderung besteht in der Ausbildung von zusätzlichen Dornfortsätzen (Spikes, Abb. 2). Diese dünnen Ausstülpungen der Dendriten bieten Platz für neue Synapsen.
Die zusätzlich eingelagerten Ionenkanäle und die Dornfortsätze bleiben über Stunden oder gar ein Leben lang bestehen. Man nimmt an, dass solche langfristigen Veränderungen der synaptischen Funktion die zelluläre Grundlage für das Langzeitgedächtnis darstellen.

ANSICHTEN UND EINSICHTEN

Dynamik des Gehirns

Das Gehirn ist kein statisches Organ, das ein ganzes Leben lang unverändert arbeitet. Ramón y Cajal fand vor hundert Jahren mit damals neuen Färbemethoden heraus, dass unser Gehirn aus unzähligen Nervenzellen besteht, die über verzweigte Fortsätze miteinander verschaltet sind. Er konnte belegen, dass diese Kontakte während der Gehirnentwicklung in jungen Jahren zunehmen. Lange Zeit ging man davon aus, dass die einmal entstandenen Verschaltungen zwischen Nervenzellen dauerhaft fixiert bleiben. Neuere Erkenntnisse zeigen jedoch, dass auch im Gehirn der Erwachsenen ständig kurzfristige und langfristige Umbauprozesse stattfinden. Die grundlegende Eigenschaft des Gehirns ist dessen Lernfähigkeit. Zwar bilden sich im Gehirn in den ersten Lebensjahren besonders viele neue Synapsen zwischen Nervenzellen aus. Aber auch später finden laufend Umstrukturierungen statt. Unser Gehirn bleibt zeitlebens anpassungsfähig und dynamisch.
So wie Knochen und Muskeln ständig auf die tägliche Beanspruchung reagieren, so nimmt das Gehirn ständig Lernangebote an. Ähnlich wie Muskeln durch Training leistungsfähiger werden, kann auch das Gehirn durch Übung bessere Leistungen bringen.
Die Frage ist nicht, ob wir mit unserem Gehirn lernen. Das geschieht ständig, auch unbewusst. Entscheidend ist, was wir mit ihm lernen. Dies hängt davon ab, wie wir unser Gehirn nutzen. Das gilt für die Schule und das ganze Leben.

AUFGABEN

1 Nennen Sie drei zelluläre Veränderungen, die bewirken, dass häufiges Üben das Lernen verbessert.

2 Alzheimer-Demenz beginnt häufig mit einem Verlust des Kurzzeitgedächtnisses. Eine Ursache für die Demenz ist das Absterben von Gehirngewebe, insbesondere im Hippocampus. Erklären Sie den Zusammenhang.

3 Neben der langfristigen Verstärkung der synaptischen Funktion (LTP) gibt es auch eine Abschwächung (LTD). Erläutern Sie, dass beide Prozesse für das Lernen wichtig sind.

4 Auf S. 27 sind einige Fragen aufgelistet. Beantworten Sie diese Fragen so, dass sie eine Schülerin oder ein Schüler der 11. Klasse verstehen kann. Die Informationen dieses Kapitels helfen Ihnen dabei.

Lösungen als Download 

ABUS

Reaktionen

4

Wie gelangt die Erregung von Nerven zu den Muskeln?

Kann sich ein Muskel nur zusammenziehen oder auch strecken?

Wie reagieren Drüsen auf Erregung?

Wie können Muskeln Kraft ausüben?

Warum schlägt das Herz so gleichmäßig und ohne Unterbrechung?

Muskeln können sich nur kontrahieren.

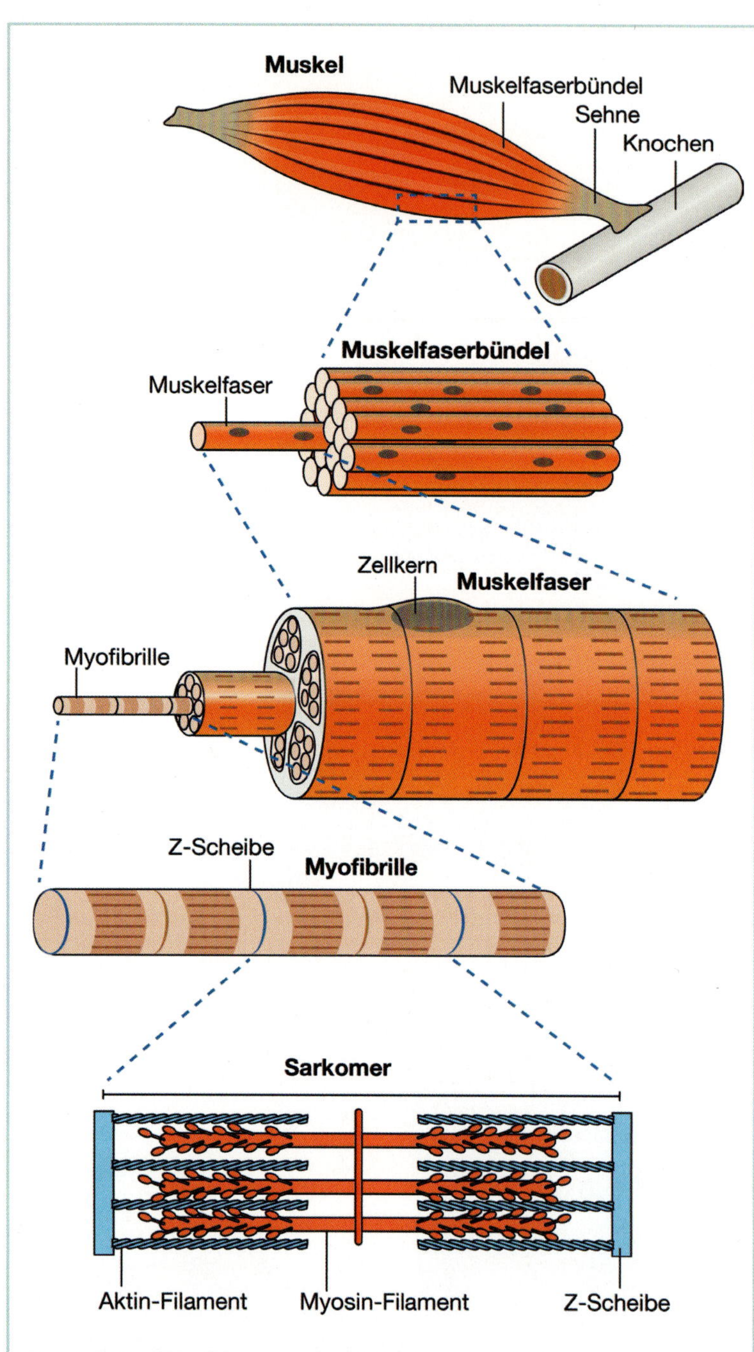

1: Ein Skelettmuskel ist hierarchisch organisiert und enthält viele Muskelfasern. Jede Muskelfaser enthält viele Sarkomere, welche die Grundeinheit der Muskelkontraktion darstellen.

Ein Tier kann sich nur dann erfolgreich bewegen, wenn es seine Muskeln gezielt unterschiedlich stark kontrahieren kann. Ein Muskel besteht aus vielen Muskelzellen (Muskelfasern).

Wie ist ein Muskel aufgebaut?

Die Skelettmuskeln der Wirbeltiere sind von einem Bindegewebe umschlossen, das an den Enden in Sehnen übergeht. Die Sehnen sind an den Knochen angewachsen (Abb. 1). Jeder Muskel besteht aus mehreren Muskelfaserbündeln, die wiederum jeweils aus mehreren Muskelfasern zusammengesetzt sind. Eine Muskelfaser ist eine große und sehr lange Zelle mit mehreren Zellkernen. Dies erklärt sich daraus, dass eine solche Muskelzelle aus der Verschmelzung vieler Zellen, den Myoblasten, entsteht. Innerhalb der Muskelfaser befinden sich mehrere Myofibrillen. Diese Organellen erscheinen im Lichtmikroskop quergestreift. Die Streifung entsteht durch den geordneten Aufbau aus parallel verlaufenden Filamenten. Man spricht auch von quergestreifter Muskulatur.

Wie erfolgt die Kontraktion im Muskel?

Unsere Muskeln werden durch spezielle Nervenzellen innerviert, die vom Rückenmark ausgehen. Diese sogenannten Motoneurone sind verzweigt und führen Erregungen zu mehreren Muskelzellen in einem Muskel. Wenn Aktionspotenziale von einem einzelnen Motoneuron eintreffen, kontrahieren alle damit verbundenen Muskelzellen. Diese Muskelzellen kontrahieren dann gemeinsam. Sie bilden also eine motorische Einheit.

Bei den Wirbeltieren erfolgt die Erregung über Aktionspotenziale, die ausgehend von der Synapse über die gesamte Muskelzelle weitergeleitet werden. Da jedes Aktionspotenzial nach dem Alles-oder-nichts-Prinzip abläuft, führt eine einzelne Muskelzelle, die schnell kontrahieren kann, auch eine Kontraktion nach dem Alles-oder-nichts-Prinzip aus. Man spricht in diesem Fall von einer Muskelzuckung.

Wie wird die Muskelkontraktion gesteuert?

Bei Wirbeltieren wird die Gesamtkraft eines Muskels dadurch gesteuert, dass unterschiedlich viele motorische Einheiten aktiviert werden. Der Muskel übt seine maximale Kraft aus, wenn alle motorischen Einheiten kontrahieren.
Im Gegensatz zu Wirbeltieren können Insekten, Krebse und anderen Gliederfüßer die Kontraktionskraft einer einzelnen Muskelzelle durch eine unterschiedliche Depolarisation der Membran steuern. Hinzu kommt, dass deren Muskelzellen oft von mehreren Neuronen innerviert werden, die meist erregend, selten hemmend wirken. In der Evolution sind offensichtlich verschiedene Formen der Steuerung der Kontraktionskraft eines Muskels entstanden.

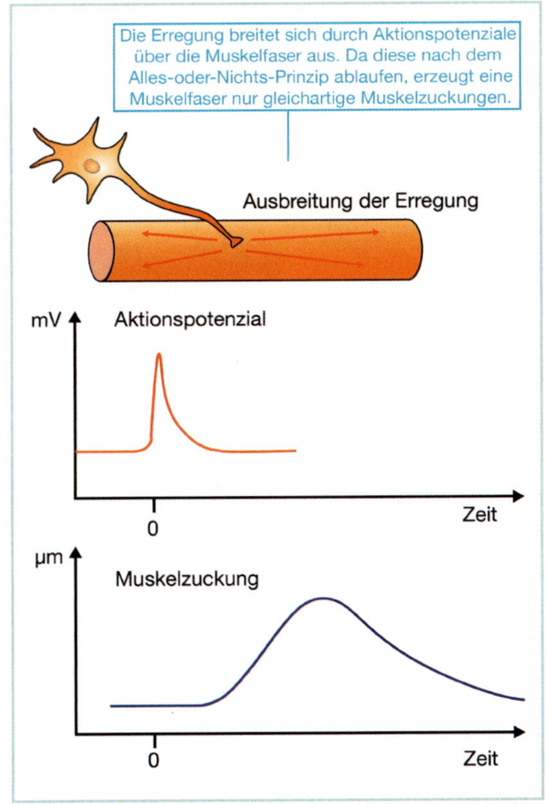

2: Die Aktivierung der Muskelzellen erfolgt über Aktionspotenziale, die ausgehend von der motorischen Endplatte über die Zellmembran der Muskelzelle fortgeleitet werden.

ANSICHTEN UND EINSICHTEN

3: Amöben können sich bewegen.

Kontraktion bei Amöben

Amöben sind Einzeller, die sich fortbewegen, indem sie spezielle Zellfortsätze (Scheinfüßchen) auf der Vorderseite verlängern und auf der Rückseite verkürzen. An der Grenzschicht zwischen dem äußeren gelartigen Zytoplasma und dem inneren granulären Zytoplasma befinden sich Aktin- und Myosin-Filamente, die aneinanderhaften: Sie bilden das Zytoskelett und bestimmen so die Form der Zelle.

Bei der Fortbewegung werden an einzelnen Stellen der Vorderseite die Verknüpfungen zwischen den Aktin- und Myosin-Filamenten gelöst, sodass sie in ähnlicher Weise wie im Muskel aneinander vorbeigleiten können (➜ S. 46). Dies geschieht unter dem Einfluss von Ca^{2+}-Ionen. Wenn nun auf der Rückseite die Aktin- und Myosin-Filamente kontrahieren, wird Zytoplasma durch die instabilen Stellen auf der Vorderseite gedrückt und ein Scheinfüßchen aus gelartigem Cytoplasma ausgebildet. Gleichzeitig schrumpft die Zelle auf der Rückseite. Durch die Festigung der Aktin-Filamente wird das Scheinfüßchen schließlich stabilisiert und das Zytoplasma wieder granulär.

Bei den Bewegungen von Amöben und mehrzelligen Tieren sind also jeweils Aktin- und Myosin-Filamente beteiligt, die aneinander vorbeigleiten. Da dieses Prinzip bei unterschiedlichen Organismen auftritt, ist es in der Evolution vermutlich schon früh entstanden.

Muskelzellen kontrahieren bei Erregung.

1: In Muskelzellen bewirken Aktionspotenziale eine Muskelkontraktion. Da Aktionspotenziale nach dem Alles-oder-nicht-Prinzip erfolgen, entstehen in einer Muskelzelle gleichartige Muskelzuckungen.

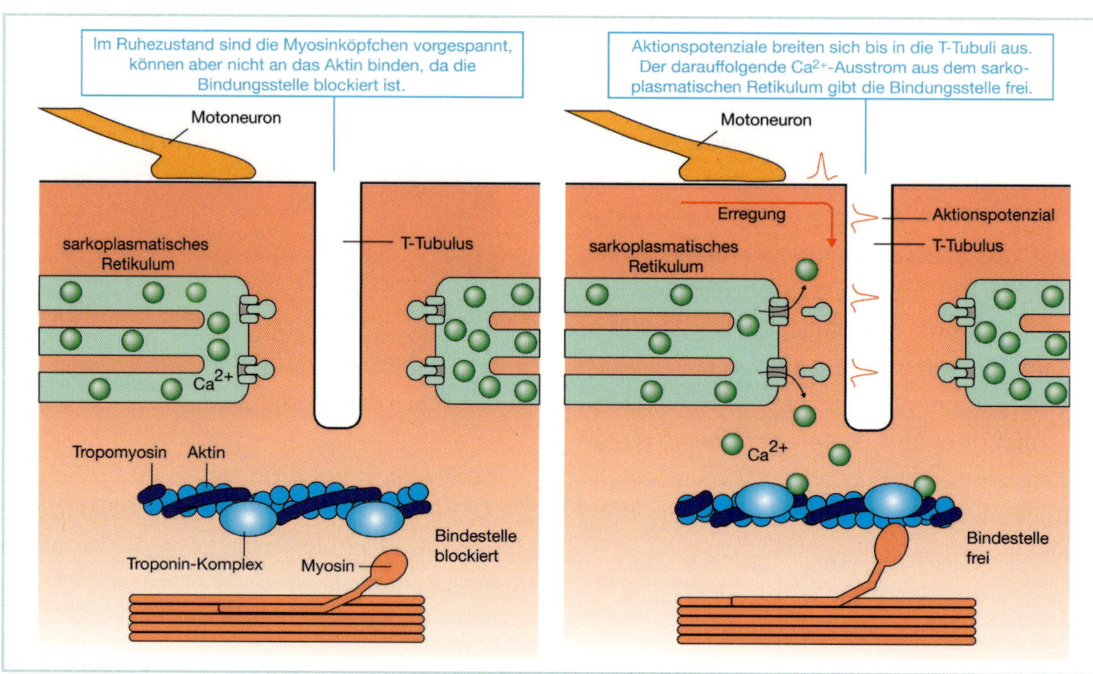

2: Der Querbrückenmechanismus führt dazu, dass Aktin- und Myosin-Filamente ineinandergleiten. Dies bewirkt eine Verkürzung des Sarkomers und damit auch des Muskels. Die nötige Energie wird von ATP bereitgestellt.

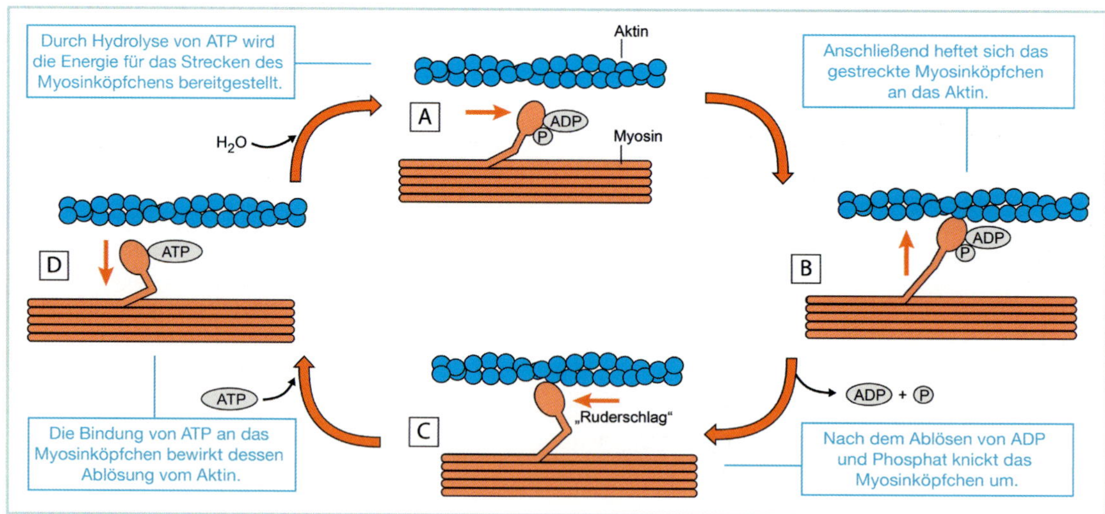

Muskelzellen reagieren auf eine elektrische Erregung der Zellmembran mit einer mechanischen Kontraktion. Diese elektromechanische Kopplung wird durch spezielle Strukturen der Muskelzelle ermöglicht.

Die Kontraktion erfolgt durch das Ineinandergleiten von Aktin- und Myosin-Filamenten (Gleitfilament-Modell). Angetrieben wird diese Kontraktion durch den Querbrückenmechanismus.

Das Gleitfilament-Modell

Die T-Tubuli (Abb. 1) stehen in engem Kontakt mit dem endoplasmatischen Retikulum (ER) der Muskelzelle. Man nennt das ER der Muskelzellen sarkoplasmatisches Retikulum (SR). Durch die Depolarisation werden Ca^{2+}-Ionenkanäle geöffnet. Ca^{2+}-Ionen strömen aus dem sarkoplasmatischen Retikulum in das Zellplasma und binden an Troponin. Diese Bindung bewirkt eine Konformationsänderung, die am Aktin-Filament die Bindungsstelle für die Myosinköpfchen freigibt. Nun können diese an das Aktin-Filament binden.

Die Kontraktion der Muskelzelle kommt durch die Verkürzung der Sarkomere zustande. Dies erfolgt dadurch, dass Myosinköpfchen wiederholt an das Aktin-Filament binden und umklappen, sodass die die Aktin-Filamente in die Zwischenräume zwischen den Myosin-Filamenten geschoben werden (Abb. 2).

Für diesen Vorgang ist ATP notwendig. Nach Bindung eines ATP-Moleküls an das Myosinköpfchen löst sich das Köpfchen vom Aktin (Abb. 2A). Das Köpfchen bleibt dabei abgeknickt.

Erst durch die Hydrolyse von ATP in ADP und Phosphat wird Energie bereitgestellt, die zur Streckung des Köpfchens führt (Abb. 2B). Nun kann das Myosinköpfchen wieder an Aktin binden (Abb. 2C). Das Ablösen von ADP und Phosphat bewirkt das Umklappen des Myosinköpfchens„Ruderschlag" genannt. Dabei wird das Aktin-Filament gegen das Myosin-Filament verschoben.

Bei einer Muskelkontraktion finden in vielen Sarkomeren gleichzeitig Ruderschläge statt. Da diese nicht synchron erfolgen, sind immer einige Myosinköpfchen gerade an Aktin gebunden. So kann der Muskel seine Spannung erhalten und eine Kraft ausüben. Durch die Ruderschläge der Myosinköpfchen wird eine chemische Reaktion unter Beteiligung von ATP in eine mechanische Wirkung umgesetzt.

ANSICHTEN UND EINSICHTEN

Steuerung und Regelung der Muskelkraft

Man könnte meinen, dass wir unsere Muskelkraft nicht fein dosieren können, weil jede Muskelzelle durch Aktionspotenziale nach dem Alles-oder-nichts-Prinzip erregt wird und darauf immer gleich reagiert. Jedes Motoneuron innerviert dabei eine motorische Einheit aus mehreren Muskelzellen (➜ S. 44). Da ein Muskel aus vielen motorischen Einheiten besteht, ist eine Regulation der Muskelkraft möglich.

Je mehr motorische Einheiten eines Muskels aktiv sind, desto höher ist die Kontraktionskraft des gesamten Muskels. Die Erregung geht dabei – wie in einer Einbahnstraße – nur vom Motoneuron auf die Muskelzelle. Die einzelne Muskelzelle kontrahiert dann vollständig (Alles-oder-nichts-Prinzip). Dies ist ein Beispiel für Steuerung. Das Motoneuron erhält keine Erregungen von der Muskelzelle. In der Informationstechnik etwa bezeichnet eine Steuerung eine Beeinflussung ohne Feedback. So kennt man es auch bei einem Auto, das sich über das Lenkrad stur nach rechts steuern lässt. Für eine geordnete Bewegung müssen Muskeln nicht nur eine bestimmte Kraft ausüben, sondern auch eine bestimmte Länge beibehalten können. Dies geschieht über spezielle Sensoren, die Muskelspindeln. Diese registrieren die Länge des Muskels und leiten entsprechende Erregungen an das zentrale Nervensystem. Dadurch ist ein Feedback über die Kontraktion und die Länge des Muskels möglich. Über die Muskelspindeln kann eine bestimmte Länge eines Muskels eingestellt werden und durch die Aktivierung von entsprechend vielen motorischen Einheiten eingehalten werden. Dies ist ein Beispiel für Regelung. In der Informationstechnik versteht man unter Regelung eine Steuerung mit Feedback, auch negative Rückkopplung genannt. Ein Auto mit Spurhalteassistent lenkt mehr nach links, sobald die Sensoren eine zu große Abweichung nach rechts registrieren.

AUFGABEN

1. Beschreiben Sie in Form eines Verlaufsschemas die Vorgänge von der Erregung einer Muskelzelle bis zur Kontraktion der Sarkomere.
2. Nach dem Tod eines Säugetiers werden alle Muskeln steif (Leichenstarre). Durch Zugabe von ATP kann die Leichenstarre gelöst werden (Weichmacherwirkung). Erklären Sie die Leichenstarre und die Weichmacherwirkung.
3. Ein paar Fischer ziehen gemeinsam das Netz in ihr Boot. Dabei fassen alle an und ziehen das Netz immer wieder ein Stück weiter ins Boot. Zwischendurch muss jeder auch mal nachfassen. Vergleichen Sie diesen Vorgang mit den Vorgängen im Gleitfilament-Modell.

Lösungen als Download 

Herzmuskelzellen leiten Erregungen weiter und arbeiten synchron.

1: Herzmuskelzellen sind elektrisch eng verbunden. Änderungen des Membranpotenzials werden über gap junctions direkt von Zelle zu Zelle übertragen. Dadurch ist eine synchrone Aktivierung aller Zellen möglich.

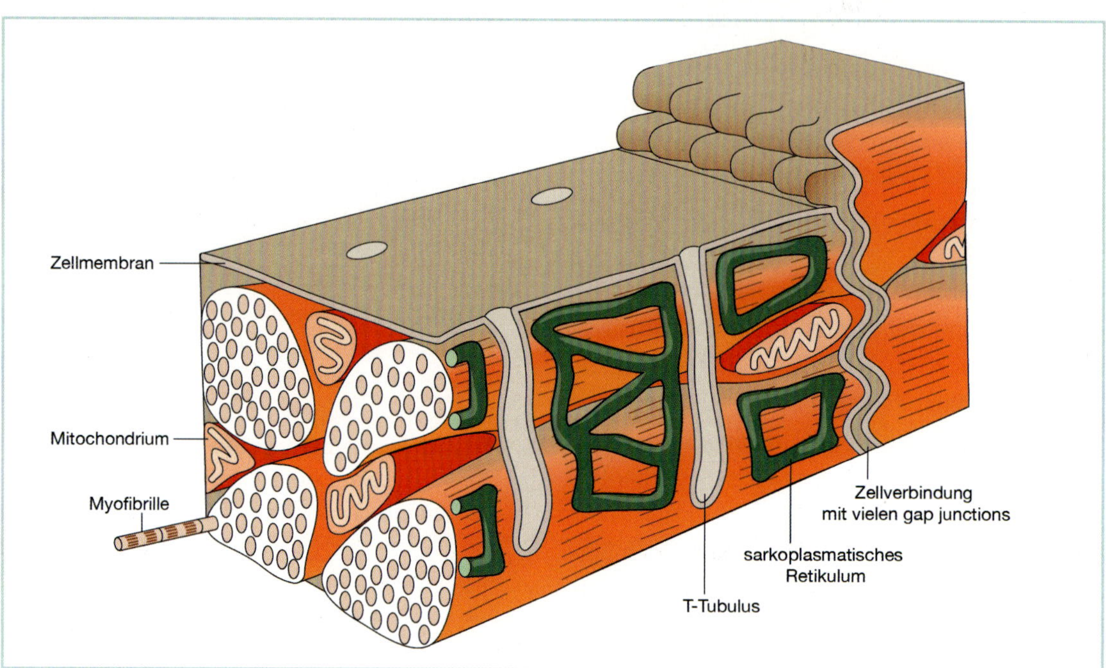

Herzmuskelzellen (Abb. 1) sind wie die Skelettmuskelzellen quergestreift (→ S 44). Allerdings zeigen sich deutliche Unterschiede bei der Innervierung und Aktivierung.

Innervation des Herzens

Der Herzmuskel wird von Neuronen sowohl des Sympathikus als auch des Parasympathikus innerviert. Im Unterschied zum Skelettmuskel sind im Herzmuskel aber nicht alle Muskelzellen mit Synapsen versorgt. Sympathikus und Parasympathikus beeinflussen nur die Tätigkeit der Schrittmacherzellen, die in regelmäßigen Abständen einen Herzschlag auslösen. Der Sympathikus steigert die Herzaktivität, während der Parasympathikus diese senkt.

Erregungsleitung im Herzen

Die Herzmuskelzellen sind über elektrische Synapsen (gap junctions, → S. 36) verbunden, die in den Glanzstreifen in hoher Zahl vorliegen. Erre-

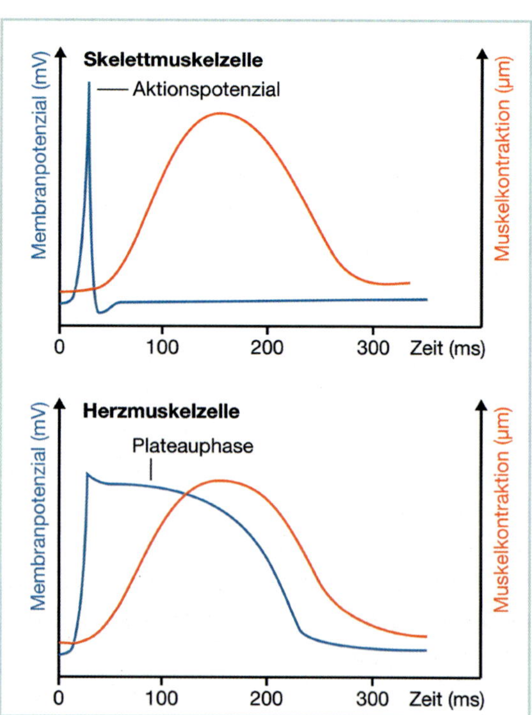

2: Das Aktionspotenzial einer Herzmuskelzelle unterscheidet sich durch die Plateauphase deutlich von dem Aktionspotenzial einer Skelettmuskelzelle.

ANSICHTEN UND EINSICHTEN

Schrittmacherzentrum des Herzens

Das Schrittmacherzentrum des Herzens befindet sich im Sinusknoten. Dort gibt es spezielle Muskelzellen, die in kurzen Abständen Aktionspotenziale erzeugen und dadurch einen Herzschlag auslösen. Die Schrittmacherzellen sind spezielle Herzmuskelzellen. Sie haben kein konstantes Ruhepotenzial, stattdessen steigt das Membranpotenzial langsam an. Sobald ein genügend großes Membranpotenzial erreicht ist, erfolgt ein Aktionspotenzial. Nach einem Aktionspotenzial befindet sich das Membranpotenzial kurz bei etwa –70 mV und steigt dann wiederum an. Je schneller das Membranpotenzial ansteigt, desto höher ist die Herzschlagfrequenz. Grundsätzlich haben alle Herzmuskelzellen diese Eigenschaft einer Schrittmacherzelle. Allerdings steigt bei den Zellen im Sinusknoten das Membranpotenzial am schnellsten an und daher geben diese den Takt vor. Über Erregungen der Nerven Sympathicus und Vagus lässt sich der Takt des Sinusknotens erhöhen (Sympathikus) oder erniedrigen (Vagus). Die Erregungswelle breitet sich vom Sinusknoten über die Vorhöfe aus und erreicht den Atrioventrikularknoten (AV-Knoten) zwischen Vorhöfen (Atrien) und Kammern (Ventrikel). Die Erregung kann nur über den AV-Knoten zu den Kammern gelangen. Schließlich überträgt sich die Erregung über His-Bündel und Purkinje-Fasern auf beide Kammern. Die erregungsleitenden His-Bündel und Purkinje-Fasern werden ebenfalls durch spezielle Herzmuskelzellen gebildet.

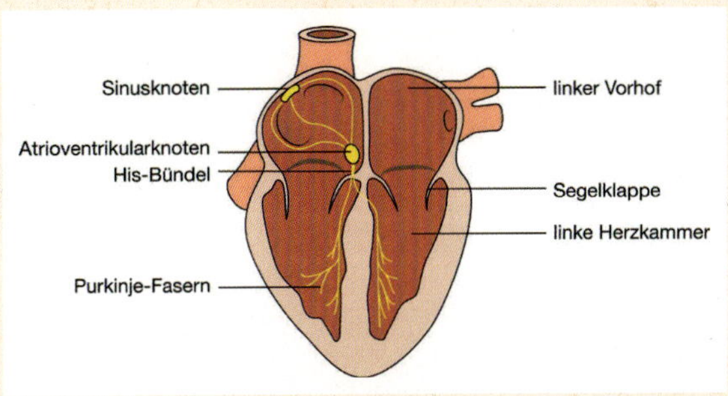

3: Schrittmacherzentrum und Erregungsleitung im Herzen durch darauf spezialisierte Herzmuskelzellen

gungen, die in Form von Aktionspotenzialen vom Schrittmacherzentrum ausgehen, breiten sich so schnell über alle Herzmuskelzellen aus. Die Herzmuskelzellen leiten also Erregungen weiter. Aufgrund dieser Erregungsleitung über die gap junctions arbeitet der gesamte Herzmuskel nach dem Alles-oder-nichts-Prinzip. Nur wenn alle Herzmuskelzellen gleichzeitig kontrahieren, ist eine gute Pumpleistung gewährleistet. Die Kontraktion einer Muskelzelle erfolgt wie bei Skelettmuskeln nach dem Gleitfilament-Modell (→ S. 46).

Aktivierung der Herzmuskelzellen

Herzmuskelzellen werden zwar wie Skelettmuskelzellen durch ein Aktionspotenzial aktiviert, allerdings unterscheidet sich der Verlauf des Aktionspotenzials deutlich. Nach der schnellen Depolarisation (Aufstrich) bleibt das Membranpotenzial für einige Hundert Millisekunden sehr hoch. Erst nach dieser Plateauphase des Membranpotenzials erfolgt die Repolarisation. Die Plateauphase gewährleistet, dass es eine Zeitspanne gibt, in der alle Herzmuskelzellen gleichzeitig aktiviert sind und synchron kontrahieren.
Die anschließende Refraktärphase dauert ebenfalls einige Hundert Millisekunden. Dadurch wird gewährleistet, dass der gesamte Herzmuskel erschlafft. So füllt sich das Herz nach einer Kontraktion wieder mit neuem Blut. Für die Herzfunktion ist das Erschlaffen, die Diastole, genauso wichtig wie die Kontraktion, die Systole. Nur ein regelmäßiger Wechsel zwischen Systole und Diastole ermöglicht die Pumpleistung des Herzens.

AUFGABEN

1. Beschreiben Sie, warum sich die Herzmuskelzellen nur synchron als Einheit aktiveren lassen.
2. Erläutern Sie den Vorteil der langen Plateauphase und der langen Refraktärphase bei Herzmuskelzellen für die Funktion des Herzens.
3. Formulieren Sie eine Hypothese, die eine lange Plateauphase durch das spezielle Verhalten von Ionenkanälen in der Zellmembran erklärt. Nehmen Sie dabei Abb. 2 zu Hilfe.
4. Auf S. 43 stehen einige Fragen. Versuchen Sie, diese Fragen so zu beantworten, dass eine Mitschülerin oder ein Mitschüler sie verstehen kann. Die Informationen in diesem Kapitel helfen Ihnen dabei.

Lösungen als Download 

Wahrnehmung

5

Funktioniert unser Auge wie eine Kamera?

Nehmen unsere Augen Informationen wie Farben und Bilder auf?

Sind Sinnesorgane wie Fenster zur Umwelt?

Ist unsere Wahrnehmung realitätsgetreu?

Welche Rolle spielt das Gehirn bei der Sehwahrnehmung?

Wie entstehen optische Täuschungen?

Wir sehen mit den Augen und dem Gehirn.

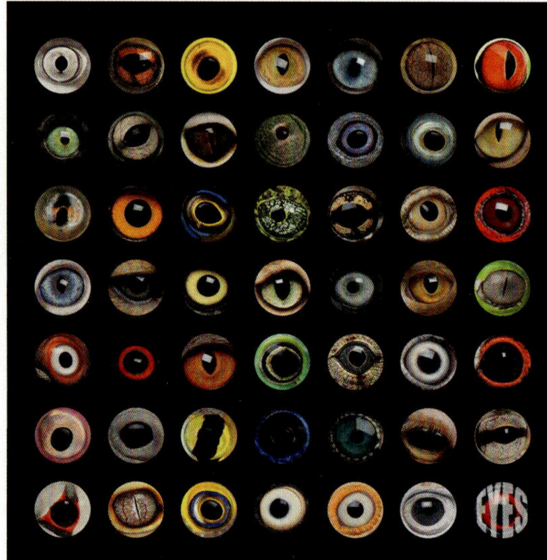

1: Augen können sehr unterschiedlich aussehen. Bei den Augen der Wirbeltiere gelangt Licht durch die Pupille auf die Netzhaut.

Es gibt sehr unterschiedliche Augen (Abb. 1). Während manche Schnecken einfache Augen haben, die an eine Lochkamera erinnern, finden sich bei Kopffüßern und Wirbeltieren leistungsfähige Linsenaugen, die oft mit einer Kamera verglichen werden.

Wie gelangt das Licht durch das Auge?

Der Lichtweg in unserem Auge ist vergleichbar zu dem in einem Fotoapparat: Licht gelangt durch die Hornhaut und die Linse auf die lichtempfindliche Netzhaut. Dabei wird es sowohl an der gewölbten Hornhaut als auch durch die Linse gebrochen. Die Hauptbrechung findet an der Hornhaut statt, da dort das Licht aus der Luft in ein wässriges Medium übergeht und sich die Brechungsindizes dieser beiden Medien stark unterscheiden.

Die Brechung an der Linse ist zwar gering, lässt sich jedoch anpassen. Der Ziliarmuskel kann über die Zonulafasern die Krümmung der Linse verändern. Dadurch lassen sich Objekte in verschiedener Entfernung fokussieren. Je näher ein Objekt ist, desto stärker muss die Linse gewölbt sein. Bei einer Kamera lässt sich die Form der Linse nicht verändern. Hier wird durch Verschieben der Linse scharf gestellt. Durch den Glaskörper gelangt das Licht auf die Netzhaut. Diese enthält lichtempfindliche Sinneszellen: Stäbchen und Zapfen.

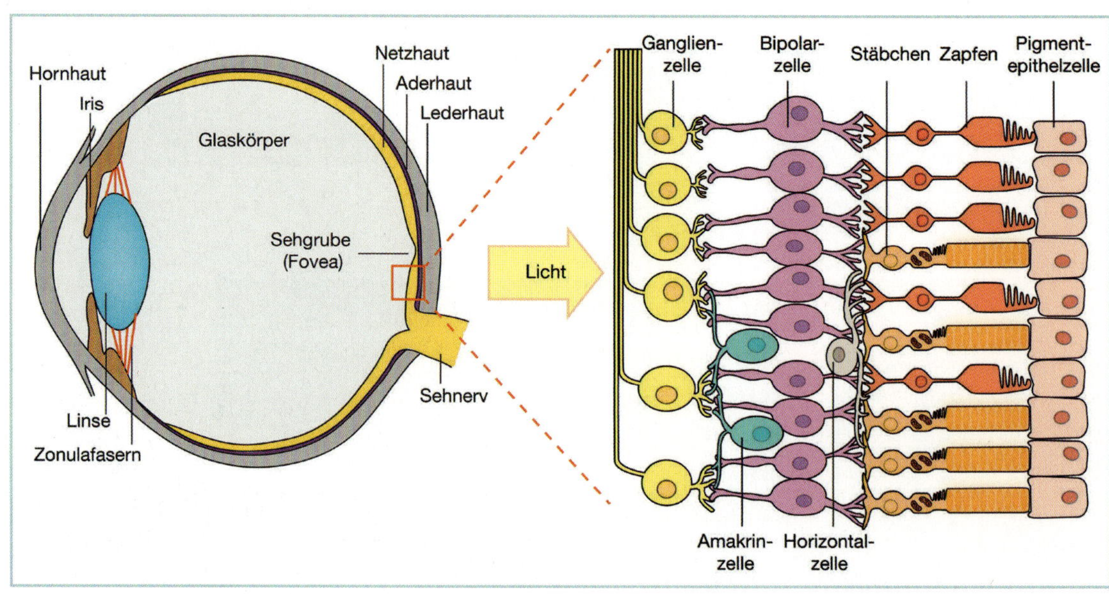

2: Im Auge gelangt Licht auf lichtempfindliche Zapfen und Stäbchen in der Netzhaut.

3: Obwohl sich die Sinneszellen in der Netzhaut auf der lichtabgewandten Seite befinden, funktioniert unser Auge wunderbar!

Das Licht erzeugt zwar auf der Netzhaut ein umgekehrtes Bild, aber jede Sinneszelle kann nur einen kleinen Teil davon registrieren. Die Lichtsinneszellen erzeugen lediglich ein Erregungsmuster, das im Gehirn ausgewertet wird.
Die einfallende Lichtmenge lässt sich regeln, indem die Pupille durch Muskeln in der Iris verengt oder vergrößert wird. Viel wirksamer ist jedoch die Anpassung der Sinneszellen an die Helligkeit, die Adaptation.

ANSICHTEN UND EINSICHTEN

Entstehung des inversen Wirbeltierauges

Der inverse Bau des Wirbeltierauges lässt sich nur durch die Evolution erklären. Bei Wirbeltieren entstehen in der Embryonalentwicklung aus einer Ausstülpung des Neuralrohrs Netzhaut und Pigmentschicht. Die beiden Schichten gehören damit zum Gehirngewebe. Da die Sinneszellen im Neuralrohr nach innen gerichtet sind, liegen die Zapfen und Stäbchen auch in der Netzhaut so, dass sie dem Licht abgewandt sind.
Die Linse hingegen entsteht aus einer Einstülpung der äußeren Schicht des Keims, dem Ektoderm. Auch die Hornhaut gehört zum Ektoderm. So arbeiten im Auge sehr unterschiedliche Gewebe zusammen.

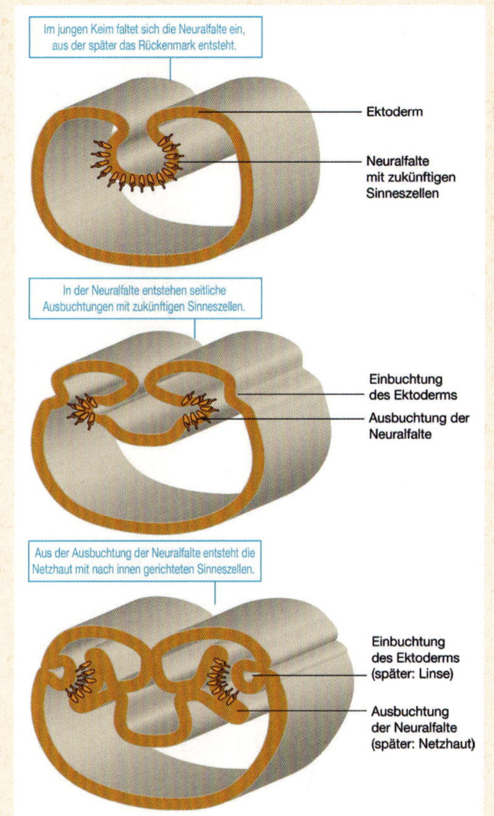

4: Da die Retina aus einer Ausstülpung des Neuralrohrs entsteht, ergibt sich ein inverses Auge mit Sinneszellen, die dem Licht abgewandt sind.

Wie funktioniert die Netzhaut?

Die Netzhaut besteht aus mehreren Schichten von Neuronen. Verblüffend ist, dass die Lichtsinneszellen in der lichtabgewandten äußeren Schicht der Netzhaut liegen (Abb. 2, rechts). Das Licht muss erst durch mehrere Schichten von Nervenzellen hindurch, bis es zu den Stäbchen und Zapfen gelangt. Dieser inverse Bau des Wirbeltierauges ist physikalisch nicht sinnvoll. Nur in der Sehgrube, der Fovea, fällt Licht direkt auf Sinneszellen, da nur dort alle Nervenfasern radial auseinanderlaufen. In der Fovea liegen fast nur Zapfen. Diese sind für das Farbensehen wichtig (→ S. 56, 58). Außerhalb der Fovea befinden sich vor allem Stäbchen, die besonders lichtempfindlich und für das Hell-Dunkel-Sehen in der Dämmerung wichtig sind (→ S. 54). In der Netzhaut befinden sich etwa 120 Millionen Stäbchen. Der Vergleich mit einer 120-Megapixel-Kamera hinkt aber, da nur etwa 1 Millionen Ganglienzellen vorhanden sind. Offensichtlich findet bereits in der Netzhaut eine Verarbeitung der Erregungen von mehreren Stäbchen statt (Kontrastbetonung, → S. 60).
Über den Sehnerv gelangen schließlich Erregungen zum Gehirn. Erst hier entsteht unser Seheindruck durch die Analyse der Erregungen und den Abgleich mit Erfahrungen. Wir nehmen nicht das Bild auf der Netzhaut wahr. Wahrnehmung ist ein aktiver Prozess im Gehirn (→ S. 62).

Die Stäbchen in der Netzhaut sind extrem lichtempfindlich.

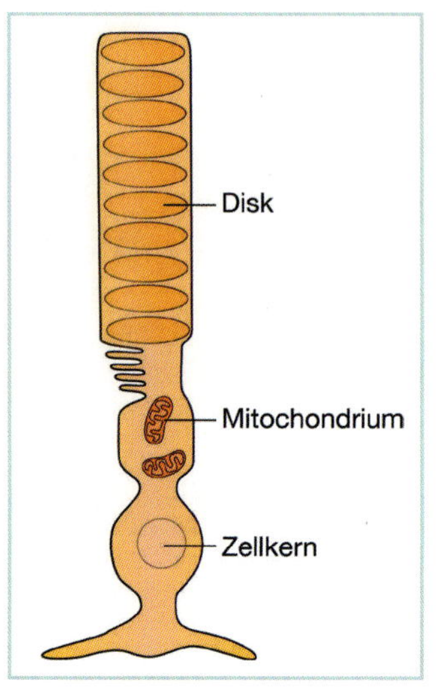

1: Eine Stäbchenzelle enthält im Außensegment sehr viele Disks, die eine große Membranoberfläche bieten.

In einer Vollmondnacht können wir uns noch gut mit unseren Augen orientieren. Diese Fähigkeit verdanken wir den extrem lichtempfindlichen Stäbchen in unserer Netzhaut.

Struktur der Stäbchen

Die Lichtsinneszellen in der Netzhaut sind außergewöhnlich geformt. Neben einer Synapse zur nachfolgenden Zelle und dem Zellkörper mit Zellkern bestehen Stäbchen aus einem Innensegment mit vielen Mitochondrien und einem Außensegment, das über tausend flache Membranstapel, sogenannte Disks, enthält (Abb. 1). Die vielen Disks im Außensegment bieten eine große Membranfläche und damit viel Platz für den Sehfarbstoff Rhodopsin, der in die Membran eingelagert ist.

Hier dient die *Oberflächenvergrößerung* also nicht einem verbesserten Stoffaustausch zwischen zwei Räumen, sondern vielmehr dazu, ein membranständiges Molekül in großer Menge einzulagern. Je mehr Disks vorliegen, desto mehr Rhodopsin befindet sich in der Zelle und desto wahrscheinlicher wird ein Photon von einem Rhodopsin-Molekül absorbiert. Rhodopsin-Moleküle sind die Rezeptoren der Lichtsinneszellen.

Im Vergleich zu den Stäbchen haben Zapfen ein kürzeres Außensegment mit weniger Disks. Daher enthalten die Zapfen weniger Rhodopsin und sind nicht so lichtempfindlich wie die Stäbchen.

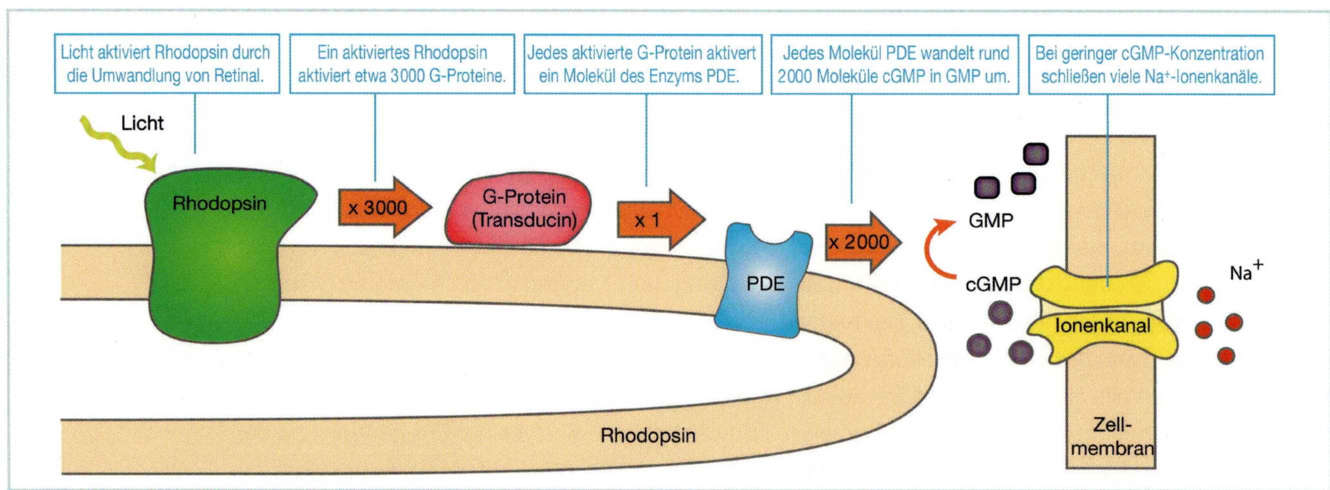

2: Nach der Lichtabsorption durch Rhodopsin kommt es zu einer mehrstufigen Signalkaskade, die letztlich zum Schließen von Ionenkanälen in der Zellmembran des Außensegments führt.

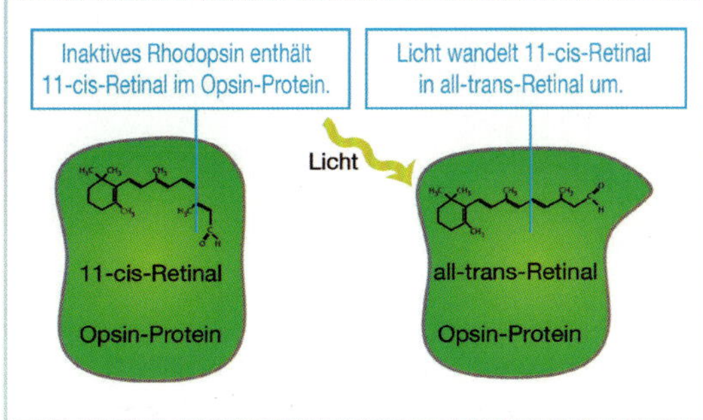

3: Licht bewirkt eine Konformationsänderung des Retinal-Moleküls im Rhodopsin.

Funktion der Stäbchen

Der Sehfarbstoff Rhodopsin besteht aus einem membranständigen Protein, dem Opsin, in das ein Retinal-Molekül eingelagert ist. Die Absorption von Licht bewirkt eine Konformationsänderung (→ S. 8) des Retinal-Moleküls (Abb. 3).
Ein aktiviertes Rhodopsin-Molekül setzt eine verstärkende Signalkaskade in Gang, die am Ende zu sehr vielen aktivierten GMP-Molekülen führt (Abb. 2). Jedes aktivierte Rhodopsin-Molekül wandelt etwa 3 000 Moleküle eines G-Proteins, das sogenannte Transducin, in eine aktive Form um. Jedes aktivierte Transducin-Molekül bewirkt die Umwandlung eines Moleküls **P**hospho-**Di**-**E**sterase (PDE), das wiederum jeweils etwa 2 000 aktivierte GMP-Moleküle erzeugt. Nach der Absorption von einem einzigen Lichtquant können somit etwa 6 Millionen aktivierte GMP-Moleküle entstehen. Dies bewirkt, dass viele Na^+-Ionenkanäle schließen. Der Vorteil einer Signalkaskade besteht in der Verstärkung.
In einer Lichtsinneszelle sind im unbelichteten Zustand mehr Na^+-Ionenkanäle geöffnet als im belichteten Zustand. Das Schließen von Ionenkanälen verändert die Permeabilität der Membran und dadurch das Membranpotenzial. Ein Lichtreiz löst in der Zellmembran zwar keine Depolarisation, sondern eine Hyperpolarisation des Membranpotenzials aus. Dennoch kann man auch bei einer Lichtsinneszelle im Falle einer Belichtung von einer Erregung sprechen. Für die Erregung einer Sinneszelle ist nur entscheidend, dass sich das Membranpotenzial in irgendeine Richtung verändert.

ANSICHTEN UND EINSICHTEN

Signalkaskaden verstärken

Signalkaskaden von sich aktivierenden Stoffen sind kompliziert und benötigen Zeit und Material. Zum einen sollen die Aktivierungen erfolgreich ablaufen und zum anderen müssen alle benötigten Stoffe in ausreichender Konzentration vorhanden sein. Der Vorteil einer Signalkaskade liegt in einer lawinenartigen Verstärkung. Ein Ausgangsmolekül A aktiviert mehrere weitere Signalmoleküle B. Jedes Molekül B aktiviert wiederum mehrere Signalmoleküle C. So wird mit jeder Stufe ein Vielfaches an aktivierten Molekülen erzeugt und damit eine Verstärkung erzielt.

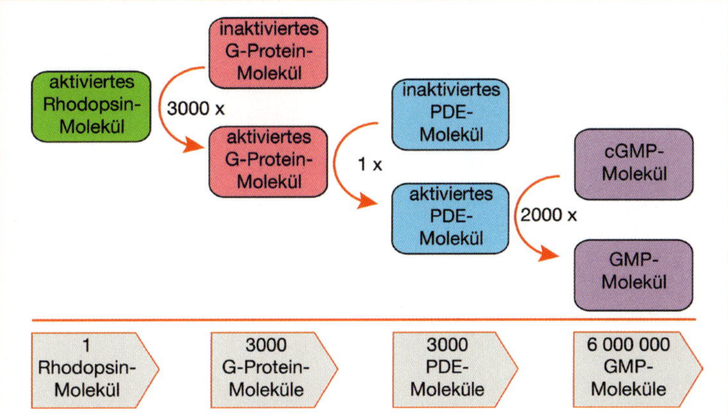

4: Signalkaskade im Stäbchen nach Aktivierung eines Rhodopsinmoleküls

Durch diese Verstärkung sind die Stäbchen in unserem Auge extrem lichtempfindlich. Unter bestimmten Bedingungen wird schon die Absorption eines Lichtquants registriert. Signalkaskaden kommen in vielen Zellen vor. Zum Beispiel kann die Bindung eines einzelnen Hormonmoleküls an einen Rezeptor in der Zellmembran über eine Signalkaskade im Zellinneren eine beachtliche Wirkung in der Zielzelle hervorrufen.

AUFGABEN

1. Erklären Sie die extreme Lichtempfindlichkeit der Stäbchen.
2. Nennen Sie weitere Beispiele des Prinzips der Oberflächenvergrößerung und geben Sie jeweils die Funktion der großen Oberfläche an.

Lösungen als Download 

Farbensehen beruht auf dem Zusammenwirken von drei Zapfentypen.

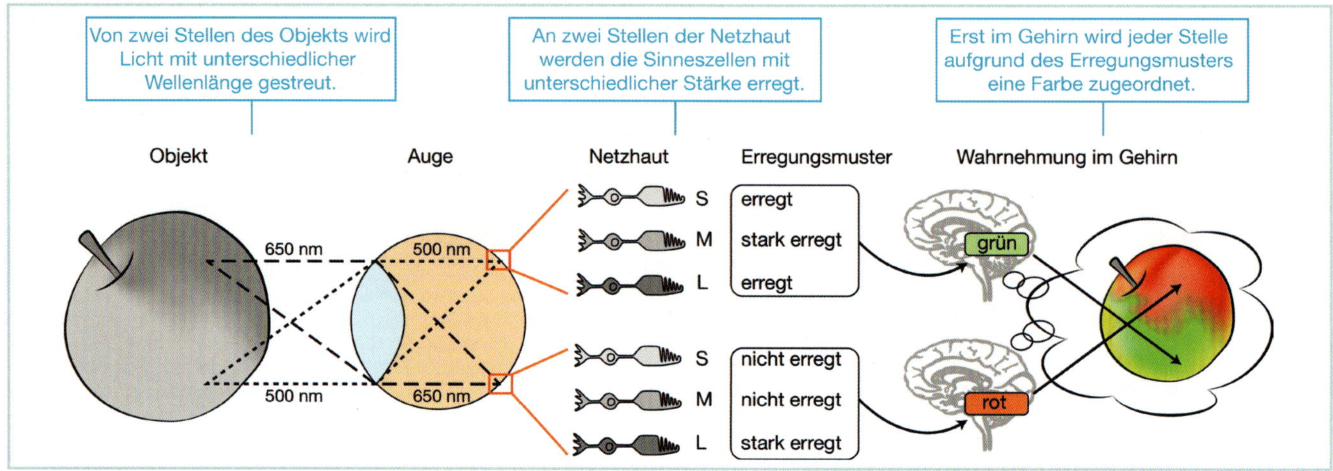

1: Die Netzhaut enthält verschiedene Zapfentypen. Die Erregungsmuster an verschiedenen Stellen der Netzhaut werden im Gehirn als unterschiedliche Farben interpretiert.

Wir können Millionen Farben unterscheiden, obwohl wir nur drei Zapfentypen in der Netzhaut haben. Offensichtlich ist nicht jeder Zapfentyp allein für eine Farbe zuständig. Vielmehr interpretiert erst unser Gehirn das Erregungsmuster der Zapfentypen als Farbe (Abb. 1)

Lichtempfindlichkeit der Zapfentypen

Die meisten Säugetiere haben nur zwei Zapfentypen, Primaten drei und viele Vögel sogar vier. Die Zapfentypen enthalten verschiedene Rhodopsine. Dies hat zur Folge, dass die Zapfen Licht unterschiedlicher Wellenlänge besonders gut absorbieren und entsprechend stark erregt werden (Abb. 2). Bei gleicher Lichtintensität reagiert jeder Zapfentyp auf Licht verschiedener Wellenlängen derart, dass sich im Diagramm eine Kurve ergibt. Die Optima der Absorption liegen bei verschiedenen Wellenlängen (Abb. 2).

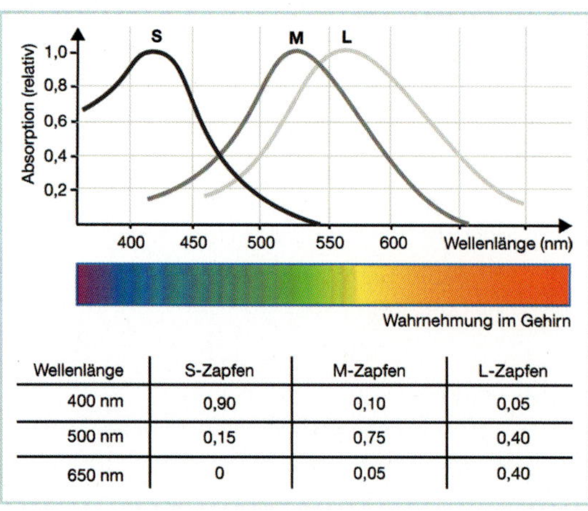

Wellenlänge	S-Zapfen	M-Zapfen	L-Zapfen
400 nm	0,90	0,10	0,05
500 nm	0,15	0,75	0,40
650 nm	0	0,05	0,40

2: Das Absorptionsverhalten der drei Zapfentypen zeigt jeweils eine Kurve mit einem Optimum bei einer bestimmten Wellenlänge.

Erregungsmuster der Zapfentypen

Wie stark eine Zapfenzelle erregt ist, hängt nicht nur von der Wellenlänge des absorbierten Lichts ab, sondern auch von der Lichtintensität. Je höher die Lichtintensität, desto stärker die Erregung. Eine mittlere Erregung einer Zapfenzelle kann also einerseits durch eine mittlere Intensität von Licht mit der optimalen Wellenlänge erzeugt werden oder andererseits durch eine hohe Intensität von Licht mit einer nicht optimalen Wellenlänge entstehen. Aus der Erregung einer Lichtsinneszelle kann also nicht direkt auf die Lichtintensität geschlossen werden. Dies ist

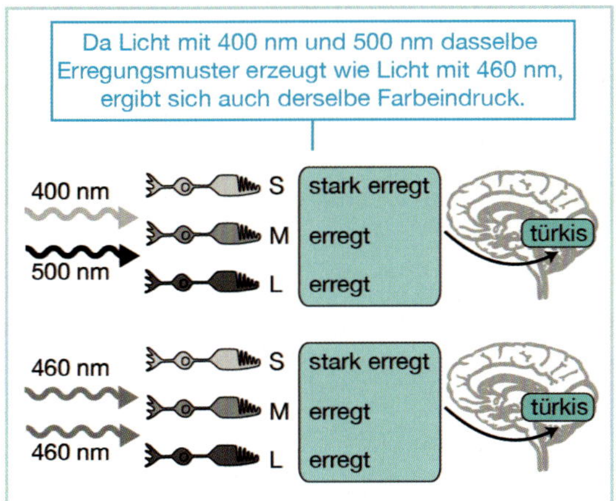

3: Ein bestimmtes Erregungsmuster lässt sich auf unterschiedliche Weise erzeugen.

erst durch den Vergleich mit anderen Sinneszellen möglich. Im M-Zapfen bewirkt Licht der Wellenlänge 500 nm etwa die gleiche Reaktion wie Licht mit 650 nm. Mit nur einem Zapfentyp wäre keine Unterscheidung der Wellenlänge und damit auch kein Farbensehen möglich. Erst mehrere Zapfentypen ermöglichen eine Unterscheidung der oben genannten Fälle (Abb. 2, Tabelle). Vergleicht man das Erregungsmuster aller drei Zapfentypen, ergeben sich für verschiedene Wellenlängen auch unterschiedliche Erregungsmuster der drei Zapfentypen. Aus diesen Erregungsmustern wird im Gehirn die Farbwahrnehmung konstruiert.

Gleiche Erregungsmuster erzeugen die gleiche Farbwahrnehmung

Ein bestimmtes Erregungsmuster der Zapfentypen kann verschiedene Ursachen haben (Abb. 3). Beispielsweise erzeugt Licht der Wellenlänge 460 nm ein Erregungsmuster, das im Gehirn als türkis wahrgenommen wird. Dasselbe Erregungsmuster ergibt sich aber auch, wenn gleichzeitig Licht mit den Wellenlängen 400 nm und 500 nm auf die Netzhaut gelangt. Weil diese beiden Wellenlängen gemeinsam das gleiche Erregungsmuster bewirken, wird im Gehirn ebenfalls die Wahrnehmung türkis konstruiert. Aus diesem Grund kann ein Maler durch das Mischen verschiedener Farben einen neuen Farbeindruck erzeugen.

ANSICHTEN UND EINSICHTEN

Qualität und Quantität

Mit unserem Sehsinn können wir sowohl Farben als auch Helligkeiten unterscheiden, mit dem Hörsinn unterschiedliche Tonhöhen und verschiedene Lautstärken. Bei vielen Wahrnehmungen lassen sich Qualität (Farbe, Tonhöhe) und Quantität (Helligkeit, Lautstärke) trennen. Zum Beispiel erscheint uns eine Lampe grellgelb und eine andere schwach blau. Wir hören einen leisen hohen Ton und einen lauten dumpfen Knall. Offensichtlich kann im Gehirn zwischen der Reizqualität und der Reizquantität unterschieden werden. Da jedoch nicht die Reize im Gehirn ankommen, sondern nur Aktionspotenziale von Nervenzellen, muss es eine Möglichkeit geben, zwischen Qualität und Quantität zu unterscheiden.

Reizart	Qualität	Quantität
Licht	Farbe	Helligkeit
Schall	Tonhöhe	Lautstärke
Duftstoffe	Duftnote	Intensität

Die Reizquantität wird durch die Stärke der Erregungen der Sinneszellen codiert. Für einen adäquaten Reiz gilt: Je höher die Reizintensität ist, desto stärker wird die Erregung der Sinneszelle sein (→ S. 34). In nachfolgenden Nervenzellen wird die Reizstärke dann durch die Aktionspotenzialfrequenz verschlüsselt: Je stärker der Reiz, desto höher die Frequenz. Die Reizqualität hingegen wird anhand der Nerven erkannt, von denen die Erregungen stammen. Grundsätzlich werden Erregungen vom Sehnerv als Licht und Erregungen vom Hörnerv als Schall interpretiert. Allgemein wird die Reizqualität also durch die Herkunft der Erregungen bestimmt.

AUFGABEN

1 „Licht ist nicht gelb oder rot. Es besitzt keine Farbe.“ Erläutern Sie diese Aussage und geben Sie an, ob Farben in jedem Fall bestimmten Wellenlängen entsprechen.

2 Etwa 10 % der Männer, aber nur 1 % der Frauen können Rot und Grün schlecht unterscheiden. Ein mutiertes Gen auf dem X-Chromosom führt zu einem veränderten Proteinanteil im Rhodopsinmolekül der M-Zapfen. Stellen Sie eine Hypothese auf, wie ein verändertes Absorptionsverhalten der M-Zapfen zu dieser Rot-Grün-Sehschwäche führen kann.

Lösungen als Download 

Die Zellen der Netzhaut reagieren auf Kontraste.

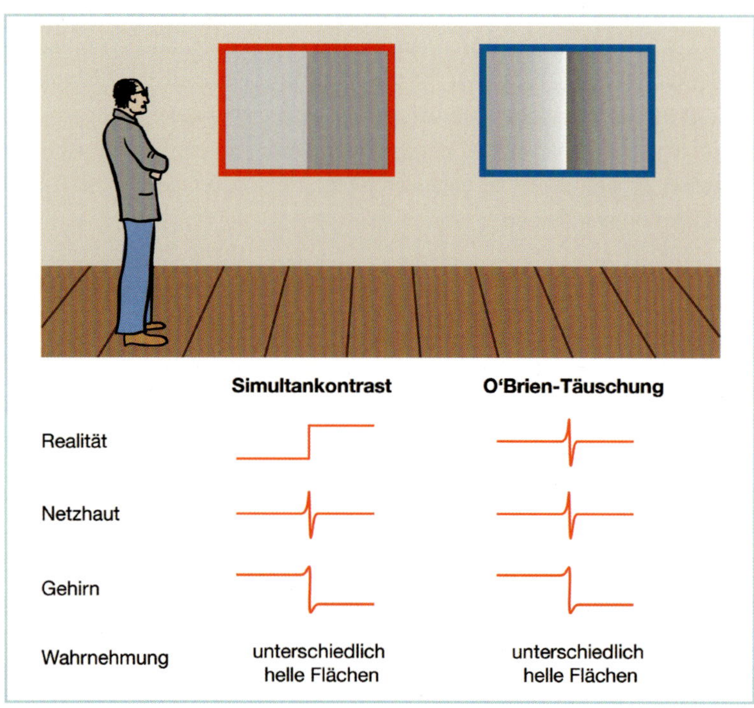

1: In beiden Bildern erscheinen die linken Hälften heller. Deckt man jedoch die Grenze mit einem Finger ab, stellt man fest, dass dies nur beim linken Bild stimmt.

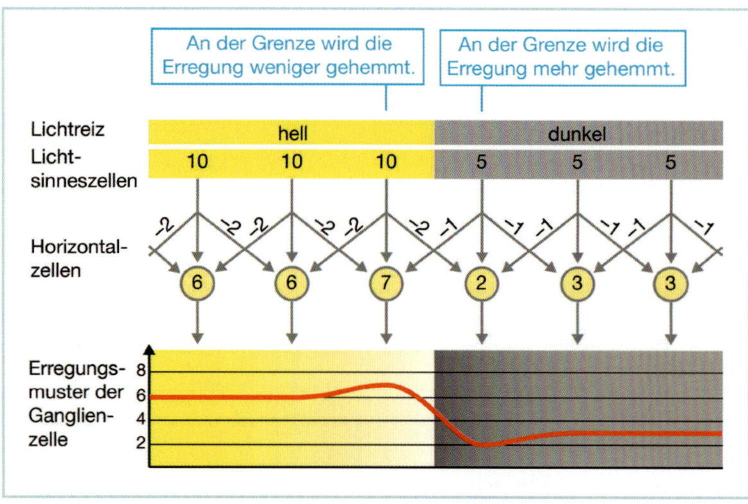

2: Die laterale Hemmung in der Netzhaut bewirkt an Grenzflächen eine Kontrastverstärkung. An der Grenzlinie wird ein heller und dunkler Streifen wahrgenommen.

Unsere Wahrnehmung lässt sich täuschen. Dies belegen viele optische Täuschungen (Abb. 1).

Rezeptive Felder

Nur in der Sehgrube der Netzhaut, der Fovea (→ S. 53), ist jeder Zapfen einzeln mit der nachfolgenden Ganglienzelle verschaltet. Daher ist dort das Auflösungsvermögen der Netzhaut am größten. Dagegen sind außerhalb der Sehgrube die Sinneszellen eines kleinen Areals mit einer einzigen Ganglienzelle verschaltet. Diese Ganglienzellen erhalten also Erregungen von allen Sinneszellen des kleinen Areals, die dadurch ein rezeptives Feld bilden.

Modell der lateralen Hemmung

Die Erregungen, die von den Lichtsinneszellen eines rezeptiven Felds zu den Ganglienzellen gelangen, werden durch Amakrinzellen und Horizontalzellen der Netzhaut beeinflusst (→ S. 52, Abb. 2). Dadurch erfolgt eine Kontrastverstärkung. Die Kontrastverstärkung lässt sich durch ein vereinfachtes Modell erklären (Abb. 2):

Wenn zwei unterschiedlich helle Flächen betrachtet werden, müssten die zugehörigen Ganglienzellen derselben Fläche gleich stark erregt sein. Weil aber die Ganglienzellen von benachbarten Horizontalzellen gehemmt werden (laterale Hemmung), entsteht an der Grenze eine Kontrastverstärkung. Dies liegt daran, dass nur an der Grenzfläche die helle Seite weniger laterale Hemmung erfährt, also noch heller wirkt, und die dunkle Seite mehr lateral gehemmt wird, also noch dunkler erscheint. An der Grenze werden ein heller und ein dunkler Streifen wahrgenommen. Dieser Streifen wird nach seinem Entdecker Ernst Mach als Mach-Band bezeichnet (Abb. 1, linkes Bild).

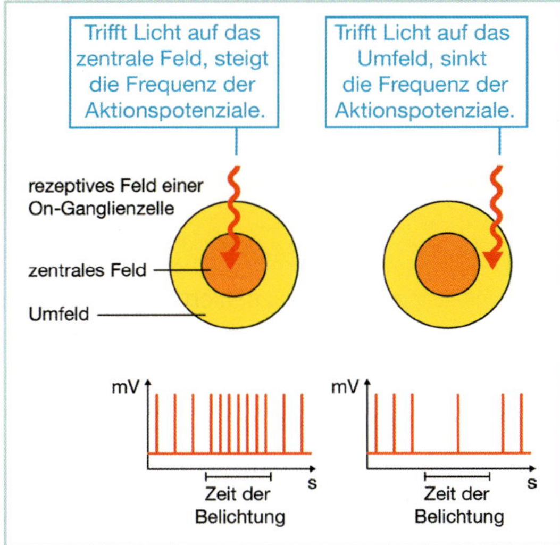

3: Rezeptives Feld und Erregungsmuster einer On-Ganglienzelle

Die O'Brien-Täuschung (Abb. 1, rechtes Bild) nutzt aus, dass unser Gehirn an Mach-Bänder gewohnt ist und diese berücksichtigt. Zeichnet man an der Grenze zwischen zwei gleich hellen Flächen ein Mach-Band ein, gehen wir fälschlicherweise davon aus, dass die Flächen unterschiedlich hell sein müssen.

Kontraste betonen Konturen

Rezeptive Felder bewirken eine laterale Hemmung (Abb. 2). Die Ganglienzelle wird besonders stark erregt, wenn Zentrum und Umfeld gegensätzlich gereizt werden. Dabei lassen sich zwei Fälle unterscheiden (Abb. 3): On-Ganglienzellen sind besonders stark erregt, wenn das Zentrum belichtet und das Umfeld nicht belichtet wird. Bei Off-Ganglienzellen ist es umgekehrt.

Für die Bilderfassung im Gehirn ist es entscheidend, dass Konturen erkannt werden. Objekterkennung ist nur möglich, wenn Grenzen zwischen Farbflächen schnell erfasst werden. Dies wird durch Kontrastverstärkung erleichtert. Unsere Sehwahrnehmung verstärkt nicht nur Hell-Dunkel-Kontraste, sondern auch verschiedene Farbkontraste. Beispielsweise gibt es rezeptive Felder, die Rot-Grün-Kontraste verstärken. Daher wirkt Rot besonders kräftig, wenn es neben Grün liegt. Solche Farbkontraste werden häufig in der Kunst eingesetzt, um die Farbwirkung zu steigern.

ANSICHTEN UND EINSICHTEN

Deutung der Gittertäuschung

Die Kontrastverstärkung wird auch beim Gitter (Abbildung, links) deutlich. In den hellen Kreuzungen erscheinen graue Flecken, außer in der Kreuzung, die gerade fixiert wird. Diese optische Täuschung wurde lange Zeit mit der lateralen Hemmung der rezeptiven Felder in der Netzhaut erklärt. Während die weißen „Straßen" durch das benachbarte Schwarz stark aufgehellt werden, sind die „Kreuzungen" von weniger Schwarz umgeben und somit weniger stark aufgehellt. Im Vergleich erscheinen die Kreuzungen grau. Da in der Sehgrube, der Fovea, keine laterale Hemmung erfolgt, verschwindet der Effekt beim Fokussieren.

Die Kontrastverstärkung in der Netzhaut besteht allerdings auch für ein Gitter mit gebogenen Linien (Abbildung, rechts). Daher müsste hier die gleiche optische Täuschung entstehen. In diesem Fall erscheinen jedoch keine grauen Flecken. Offensichtlich beruht die Gitter-Täuschung auf einer Kontrastverstärkung, die nur gerade Linien betont. Diese Betonung gerader Linien erfolgt in der primären Sehrinde im hinteren Bereich des Großhirns. Das Gitter mit den gebogenen Linien verlangt ein erweitertes Erklärungsmodell für die Gitter-Täuschung. Es zeigt, dass eine Kontrastverstärkung nicht nur in der Netzhaut, sondern auch im Gehirn stattfindet – dort offensichtlich nur für gerade Linien (→ S. 62).

AUFGABEN

1 Erklären Sie mithilfe von Abb. 2, wie die Kontrastverstärkung an einer Hell-Dunkel-Grenze zur Wahrnehmung eines Mach-Bands führt.

2 Erläutern Sie die Erregungsmuster der Ganglienzellen in Abb. 3.

3 Erläutern Sie am Beispiel von optischen Täuschungen, dass unsere Sehwahrnehmung nicht dem Bild auf der Netzhaut entspricht, sondern vom Gehirn aktiv beeinflusst wird.

Lösungen als Download 

Wahrnehmung wird im Gehirn konstruiert.

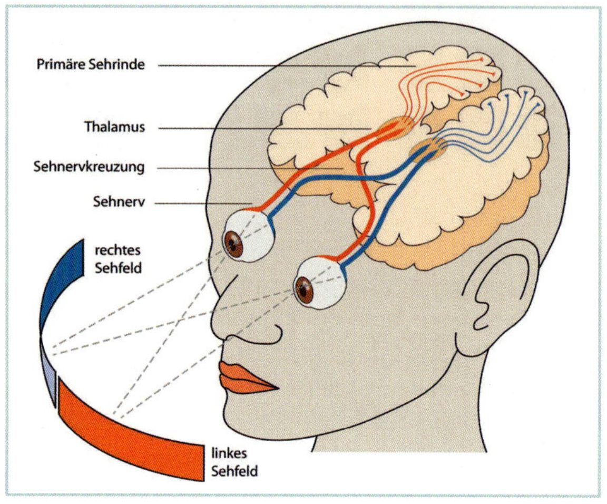

1: Die Sehbahn vom Auge zur primären Sehrinde im Gehirn

„Das habe ich mit eigenen Augen gesehen!" Wir vertrauen auf unsere Sehwahrnehmung und meinen oft, dass wir damit die Welt so wahrnehmen können, wie sie ist. Aber optische Täuschungen machen uns deutlich, dass die Sehwahrnehmung ein aktiver Auswertungs- und Konstruktionsprozess im Gehirn ist.

Auswertungen in der primäre Sehrinde

Über die Sehnervkreuzung und den *Thalamus* gelangen Erregungen von der Netzhaut zur *primären Sehrinde* im Großhirn (Abb. 1). Dort werden die Erregungen, ähnlich wie in der Netzhaut, in rezeptiven Feldern ausgewertet. Die Sehrinde enthält verschiedene Säulen, die jeweils für ein rezeptives Feld stehen (Abb. 2). In den Farbsäulen werden Erregungsmuster der Zapfentypen ausgewertet. Beispielsweise kann die Farbsäule für Ort A eine grüne Wahrnehmung und die Farbsäule für Ort B eine blaue Wahrnehmung erzeugen. Wir gehen dann davon aus, dass das Objekt bei Ort A grün und bei Ort B blau ist.

Gleichzeitig werden in der primären Sehrinde Richtungen von Konturen und Linien ausgewertet. Dafür gibt es in jedem rezeptiven Feld mehrere Orientierungssäulen, die Erregungen von einer Stelle der Netzhaut als Linien interpretieren. Beispielsweise werden für Ort A die Zellen der Orientierungssäule für horizontal erregt und für

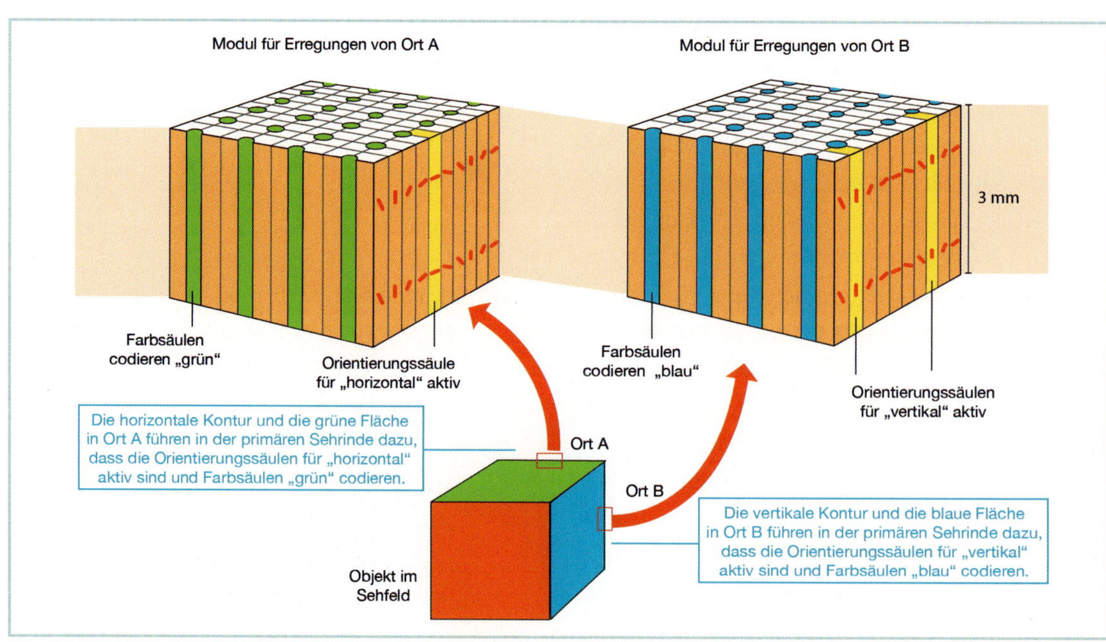

2: In der primären Sehrinde werden Farben und Konturen konstruiert.

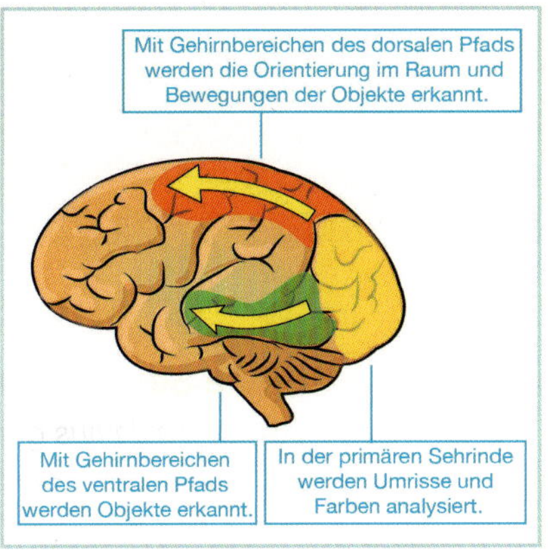

3: Dorsaler und ventraler Pfad der Sehwahrnehmung

Ort B die Orientierungssäule für vertikal. Wir nehmen dann bei Ort A eine horizontale Linie und bei Ort B eine vertikale Linie wahr.

Weitere Auswertungen im Gehirn

Von der primären Sehrinde aus gelangen Erregungen in weitere Sehrindenfelder. Dabei werden die rezeptiven Felder immer größer und die Auswertungen immer komplexer (z. B. Gesichtserkennung, Bewegungen).

Einerseits erstrecken sich Sehrindenfelder in Richtung Scheitel. Auf diesem dorsalen Pfad (Abb. 3) wird vor allem die räumliche Wahrnehmung erzeugt. Es werden Gegenstände im Raum lokalisiert und Bewegungen erkannt. Schädigungen in diesem Bereich können dazu führen, dass jemand beim Einschenken von Kaffee in eine Tasse den ansteigenden Flüssigkeitsstand in der Tasse nicht einschätzen kann. Oder die betroffene Person bemerkt nicht, dass eine weitere Person den Raum betritt, und wundert sich über deren plötzlichen Anwesenheit. Diese Ausfallerscheinung nennt man daher Bewegungsblindheit.

Andererseits erstrecken sich Sehrindenfelder auch dem unteren seitlichen Gehirnlappen (Temporallappen). Auf diesem ventralen Pfad (Abb. 3) werden Objekte, wie bestimmte Gesichter, Tische und Stühle, Tassen und Teller, erkannt. Grob gesagt geht es dabei um die Auswertung, „was" gesehen wird. Schädigungen in diesem Bereich können dazu führen, dass jemand zwar einem Gegenstand ausweichen kann, aber nicht erkennen kann, dass es sich dabei um einen Stuhl handelt.

ANSICHTEN UND EINSICHTEN

Der Blinde, der unbewusst sehen konnte

Der Patient D. B. litt an schweren Migränephasen, die durch eine Durchblutungsstörung im Bereich der primären Sehrinde ausgelöst wurde. In einer Operation wurde ihm der betreffende Gehirnbereich entfernt. Danach trat die Migräne nicht mehr auf. Allerdings war Herr B. nach der Operation auf einer Hälfte seines Gesichtsfelds blind. Durch den teilweisen Ausfall der primären Sehrinde fielen nicht nur deren Funktion aus, sondern auch die Funktionen aller nachfolgenden Sehrindenfelder im dorsalen und ventralen Pfad. Er war gewissermaßen halbseitig erblindet, obwohl seine Augen unversehrt waren. Man spricht in diesem Fall von Rindenblindheit.

Trotz seiner Rindenblindheit konnte Herr B. manche Dinge unbewusst wahrnehmen. In einem Test wurden zum Beispiel kurzzeitig die Buchstaben X oder O in sein blindes Gesichtsfeld eingeblendet. Obwohl er die Buchstaben nicht bewusst wahrnahm, konnte er diese dennoch viel häufiger richtig erraten, als dies durch Zufall zu erwarten gewesen wäre. Dieses Phänomen des „Blindsehens" (engl.: blindsight) tritt bei einigen Patienten mit Rindenblindheit auf.

Mit modernen bildgebenden Verfahren konnte man nachweisen, dass trotz der Zerstörung der primären Sehrinde manche nachfolgende Sehrindenfelder dennoch aktiv sind. Vermutlich gibt es Nervenbahnen, die vom *Thalamus* direkt in diese Felder ziehen und damit die primäre Sehrinde umgehen. Darüber hinaus enden etwa 10 % der Ganglienzellen unserer Netzhaut in der Vierhügelplatte, die das Dach des Mittelhirns bildet. Diese Region ist evolutionsgeschichtlich sehr alt und existierte schon vor dem *Großhirn*. Vielleicht ermöglichen diese Nerven unbewusste Sehwahrnehmungen.

AUFGABEN

1. Beschreiben Sie, welche Auswertungen in der primären Sehrinde erfolgen.
2. Bei der Sehwahrnehmung arbeiten Sehfelder der dorsalen und ventralen Pfade sehr eng zusammen. Erläutern Sie, warum dies für die Wahrnehmung sinnvoll ist.
3. Stellen Sie Vermutungen darüber an, warum wir beim Träumen Bilder wahrnehmen können, obwohl die Augen geschlossen sind.

Lösungen als Download 

Wahrnehmung produziert eine selektive Innenwelt.

1: Nur eine einfache Steinmauer?

Betrachtet man das obige Foto (Abb. 1), so erkennt man darauf zweifellos eine Steinmauer. Die Steine liegen in geraden Reihen. Die meisten Personen sehen auf dem Bild nur Steine – sonst nichts. Sie können aber in dem Bild mehr sehen. Was das ist und warum Sie es wahrscheinlich nicht sofort erkennen, erfahren Sie, wenn Sie den nebenstehenden Zahlen-Code abrufen.

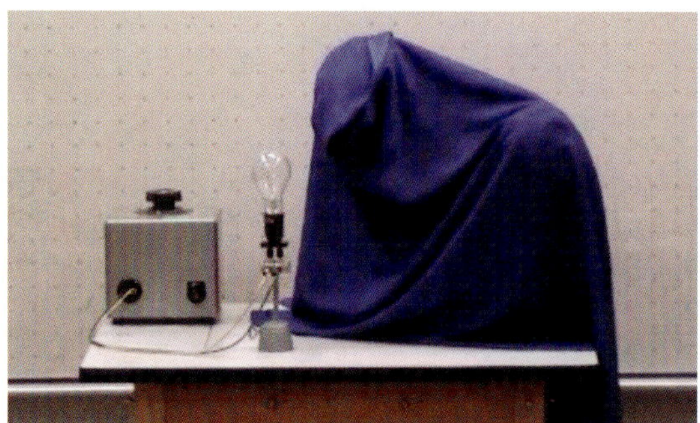

2: Gegenstände im Dunkeln erkennen

Präsentation „Optische Effekte"
Präsentation „Optische Täuschung"
Film „Wahrnehmung und Messen"

Bitte geben Sie den Code **d522015nw** in das Suchfenster auf **www.friedrich-verlag.de** ein, um alle Downloads dieses Buches herunterzuladen.

Selektive Wahrnehmung

Das obige Beispiel zeigt, dass unsere Wahrnehmung selektiv ist. Sie wird offensichtlich stark davon beeinflusst, was wir erwarten. Man spricht von selektiver Wahrnehmung. Die Wahrnehmung wird nicht allein durch äußere Reize bestimmt, sondern hängt auch von inneren Erfahrungen und Erwartungen ab.

Ausgerechnet bei unserem leistungsfähigsten Sinn, dem Sehsinn, gibt es verblüffende Beispiele für die selektive Wahrnehmung. Diese erstrecken sich nicht nur auf Fotos, sondern auch auf Vorgänge und Filme.

In einem Film (Zahlen-Code) können Sie verfolgen: In einem vollständig abgedunkelten Raum sind keine Gegenstände zu erkennen. Wenn aber eine Lampe langsam heller gemacht wird, sind ab einer bestimmten Helligkeit die ersten Dinge zu erkennen – erst nur deren Umrisse, schließlich Farben und Details. Dieses Experiment ist sehr bekannt. Selten wird geprüft, was wir erkennen, wenn anschließend das Licht wieder langsam abgedunkelt wird. Gehen dann die Details, die Farben und die Umrisse bei gleicher Helligkeit wieder verloren? Oder können wir bekannte Gegenstände noch bei geringerer Helligkeit erkennen? Machen Sie den Test!

Ein weiteres verblüffendes Beispiel zeigt das Video „selective attention test" von Daniel Simons. Es wurde auf einer bekannten Videoplattform im Internet inzwischen über 20 Millionen Mal angeschaut. In diesem Video wird die selektive Wahrnehmung eindrucksvoll deutlich.

Außenwelt und Innenwelt

Die Wahrnehmung ist stark von unseren Interpretationen der Sinneseindrücke beeinflusst. Beispielsweise nehmen wir Farben wahr und reden davon, dass ein reifer Apfel rot ist. Dabei vergessen wir schnell, dass es kein rotes Licht gibt, sondern nur verschiedene Wellenlängen. Der Apfel sendet Licht einer bestimmten Wellenlänge, die wir mit der Farbe Rot verknüpfen. Die Außenwelt kennt keine Farben, diese bilden wir uns ein.

Auf ähnliche Weise kommen in unserem Ohr auch keine Töne an, sondern lediglich Schallwellen einer bestimmten Frequenz. Wir haben uns nur daran gewöhnt, bestimmten Frequenzen einer Tonleiter einen Ton zuzuordnen.

Wahrnehmung ist das Ergebnis einer aktiven Interpretation. Dies bewirkt, dass die Innenwelt nicht exakt der Außenwelt entspricht. Unsere Wahrnehmung ist nicht objektiv, sondern subjektiv und selektiv.

Aktive Wahrnehmung

Ständige Reize werden von uns vielfach nicht mehr bewusst wahrgenommen. Mit der Zeit nimmt man den Geruch in einem Raum nicht mehr wahr oder hört den Verkehrslärm nicht mehr bewusst. Solche Gewöhnungseffekte sind teilweise sinnvoll. Beispielsweise spüren wir beim Stehen den Boden unter den Füßen schnell nicht mehr, obwohl unsere Fußsohlen tastempfindlich sind.

Teilweise wären solche Gewöhnungseffekte in bestimmten Situationen aber nachteilig. Deshalb gibt es Verhaltensweisen, die ständig neue Sinneseindrücke liefern. Wenn wir einen Gegenstand genau ertasten wollen, streichen wir mit den Fingern darüber hinweg. Wenn wir ein Geräusch genau analysieren wollen, drehen wir leicht den Kopf. Und auch unsere Augen führen ständig kleine Bewegungen aus, die wir nicht bewusst wahrnehmen. Diese gleichzeitigen Bewegungen beider Augen in eine Richtung nennt man Sakkaden. Verhindert man dies durch Fixation einer Stelle oder durch Medikamente, dann treten teilweise Ausfälle in der Wahrnehmung auf.

ANSICHTEN UND EINSICHTEN

Vorstellungen zum Sehvorgang

In der Antike, zu Zeiten von Aristoteles, herrschte die Vorstellung, dass unsere Augen Strahlen aussenden, die unsere Umwelt abtasten. Solche Vorstellungen finden sich heute noch in Redewendungen: „Jemand richtet seinen Blick auf etwas“ oder „wirft ein Auge auf jemanden“. Es gibt in der Natur durchaus Sinne, die etwas aussenden und dann das Echo empfangen. Fledermäuse senden Ultraschall aus und hören das Echo. Manche Fische erzeugen elektrische Felder, die sie dann wahrnehmen.

Unser Sehsinn funktioniert allerdings nicht in dieser Form. Wenn wir davon reden, dass unsere Sehwahrnehmung ein aktiver Prozess ist, meinen wir nicht, dass Strahlen ausgesendet werden, sondern dass die Interpretation ein aktiver Prozess ist. Die Sehwahrnehmung findet im Gehirn statt und produziert eine Innenwelt, die von eigenen Erfahrungen beeinflusst wird. Wir sehen also nicht mit dem Auge allein und wir nehmen die Außenwelt nicht objektiv wahr.

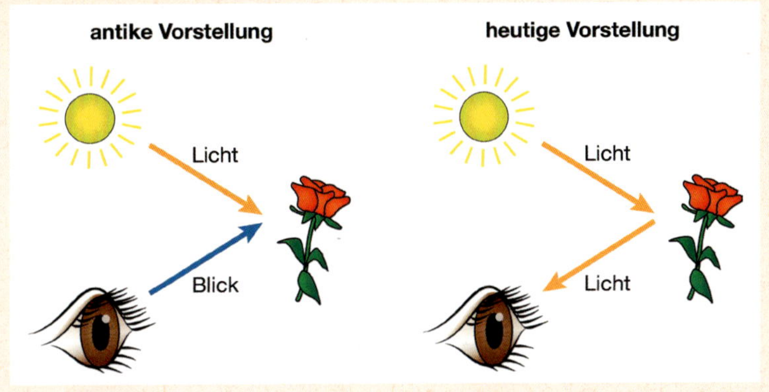

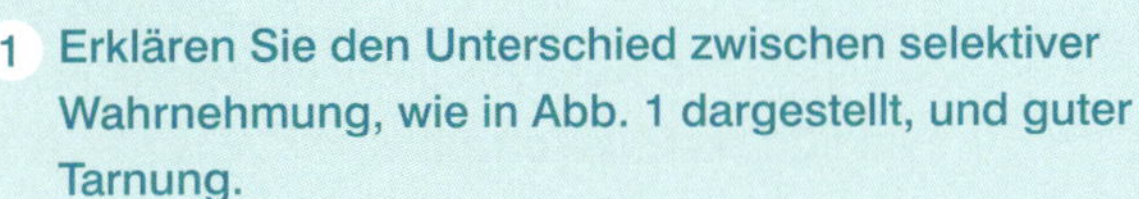

AUFGABEN

1. Erklären Sie den Unterschied zwischen selektiver Wahrnehmung, wie in Abb. 1 dargestellt, und guter Tarnung.
2. Beschreiben Sie weitere Beispiele für ständige Reize, die unsere Sinne mit der Zeit nicht mehr bewusst wahrnehmen.
3. Ein erfahrener Vogelbeobachter erkennt einen Vogel in einem Baum viel schneller als ein Anfänger. Erklären Sie, dass dies nicht auf bessere Augen des Vogelbeobachters zurückzuführen ist.

Lösungen als Download 

Gliazellen sind mehr als der Kitt zwischen Nervenzellen.

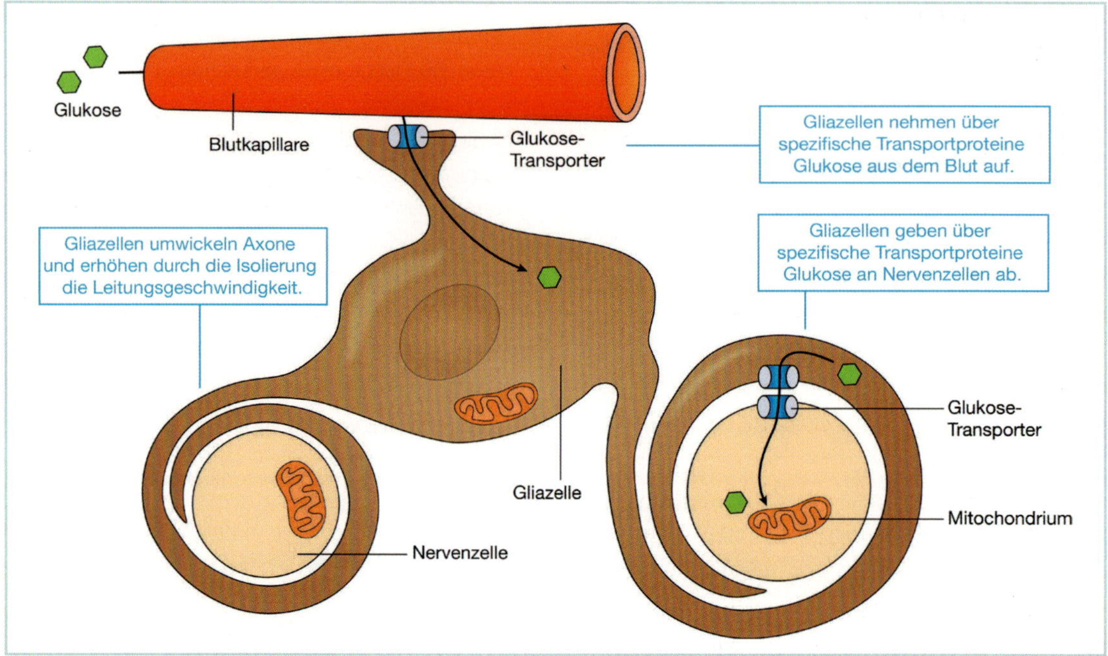

1: Gliazellen im Gehirn erhöhen die Leitungsgeschwindigkeit von Nervenzellen und versorgen sie mit Nährstoffen.

Bereits im 19. Jahrhundert entdeckte der Arzt Rudolf Virchow im Gehirn zwischen den Nervenzellen einen weiteren Zelltyp. Da er keine spezielle Funktion zuweisen konnte, nannte er diese Art von Zellen Gliazellen. Glia ist die griechische Bezeichnung für Kitt. Diese Zellen wurden von der Wissenschaft lange wenig beachtet. Heute weiß man aber, dass Gliazellen mehr sind als der Kitt zwischen den Nervenzellen. Sie beeinflussen die Funktion von Nervenzellen.

Gliazellen sind erregbar

Lange Zeit ging man davon aus, dass im Gehirn nur die Nervenzellen erregbar sind und alle Leistungen des Gehirns auf einem Netzwerk von Nervenzellen beruhen. Den Gliazellen schrieb man zu, dass sie lediglich für Stabilität sorgen und teilweise die Nervenzellen mit Stoffen versorgen. Diese Ansicht wurde auch beibehalten, als vor Jahrzehnten bei bestimmten Gliazellen, den Astrozyten, ein besonders niedriges Membranpotenzial gemessen wurde. Da sich dieses Membranpotenzial nicht schnell verändert, erkannte man zuerst keine Erregung.

Inzwischen ist jedoch klar, dass auch Gliazellen erregbar sind. Zum einen wurde entdeckt, dass manche Gliazellen auf Transmitter wie *Glutamat* reagieren. Zum anderen konnte nachgewiesen werden, dass Nervenzellen eine Aktivität von Gliazellen auslösen können. Diese Aktivität zeigt sich aber nicht in schnellen Aktionspotenzialen, sondern in langsamen Veränderungen der intrazellulären Ca^{2+}-Konzentration. Es mehren sich Hinweise, dass Gliazellen Prozesse im neuronalen Netzwerk aktiv beeinflussen und an der Auswertung der im Gehirn eingehenden Erregungen beteiligt sind.

Funktionen von Gliazellen

Die häufigsten Gliazellen im Gehirn sind die Astrozyten. Sie beeinflussen das chemische Milieu der Gehirnflüssigkeit, beispielsweise die K+-Konzentration. Darüber hinaus sorgen Astrozyten dafür, dass Transmittermoleküle nicht zu weit aus dem synaptischen Spalt entweichen, indem sie die Synapsen eng umschließen.

Eine weitere Gruppe von Gliazellen im Gehirn sind die *Oligodendrozyten* (Abb. 1). Diese Zellen enthalten in ihrer Zellmembran viel Myelin und umwickeln Axone. Durch diese elektrische Isolierung wird die Leitungsgeschwindigkeit von Erregungen über das Axon deutlich erhöht. Während eine Oligodendrozytenzelle im Zentralen Nervensystem mehrere Axone umhüllt, umschließen die Gliazellen im peripheren Nervensystem immer nur ein Axon. Man nennt diese Zellen Schwann-Zellen.
Vermutlich ist dieser Unterschied dafür verantwortlich, dass geschädigte Axone im peripheren Nervensystem in ihrer Myelinhülle regenerieren können, während diese „Reparatur" im zentralen Nervensystem nicht auftritt. Oligodendrozyten versorgen Axone mit Nährstoffen. Dazu nehmen sie Glukose aus dem Blut auf und geben Milchsäure an das Axon weiter.

Neue Forschungsergebnisse zeigen sogar, dass Oligodendrozyten für das Lernen wichtig sind. Auch im erwachsenen Gehirn werden ständig neue Myelinscheiden durch Oligodendrozyten gebildet.
Auf diese Weise können Oligodendrozyten die Funktionsweise des Gehirns beeinflussen und Lernvorgänge unterstützen. Dies konnte im Labor in Experimenten gezeigt werden. Dazu wurden Mäuse in einem Laufrad mit unregelmäßigen Abständen zwischen den Sprossen beobachtet. Es konnte gemessen werden, wie deren Geschwindigkeit im Laufrad mit der Zeit zunahm. Mäuse, die aufgrund einer Mutation in Oligodendrozyten kein Myelin bilden konnten, zeigten in dem Laufrad ein deutlich verringertes Lernvermögen (Abb. 2).

ANSICHTEN UND EINSICHTEN

Erregungen können auch langsam ablaufen.

Das Beispiel der Gliazellen zeigt, dass die Erregbarkeit von Zellen viel verbreiteter ist als bisher angenommen. Dies unterstützt die Einsicht, dass Reizbarkeit und Erregbarkeit eine ursprüngliche Eigenschaft von Zellen sein muss. Im Lauf der Evolution sind verschiedene Formen der Erregbarkeit entstanden. Insbesondere in mehrzelligen Organismen konnten sich verschiedene Zelltypen mit sehr speziellen Formen der Erregbarkeit entwickeln.

Das Nervensystem von Vielzellern wie uns Menschen ist auf schnelle Erregungsweiterleitung spezialisiert. Dies wird durch Zellen ermöglicht, die schnell erregbar sind und Erregungen schnell weiterleiten können. Insbesondere Nervenzellen mit langen Axonen leiten Aktionspotenziale sehr schnell über große Strecken weiter. In unserem Körper finden sich aber auch andere Zellen mit anderen Formen der Erregung. Das Beispiel der Gliazellen zeigt, dass eine Erregung auch langsamer ablaufen kann, als in Nervenzellen, indem sich das Membranpotenzial der Zellmembran nur allmählich verändert. Aber auch dies ist eine Form der Erregung.

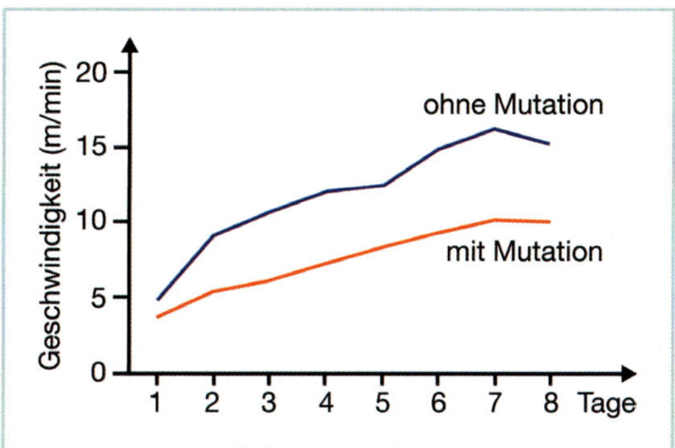

2: Mäuse mit einem mutierten Gen in den Oligodendrozyten lernen Bewegungsabläufe langsamer und schlechter.

AUFGABEN

1 Beschreiben Sie, wie sich die Vorstellungen über die Funktion der Gliazellen verändert haben.

2 Multiple Sklerose ist eine Erkrankung des Nervensystems, bei der es zum Abbau von Myelin kommt. Die Symptome können sich in Taubheitsgefühlen und Koordinationsstörungen äußern. Erklären Sie den Zusammenhang.

Lösungen als Download 

Das Gehirn repräsentiert nicht die Persönlichkeit.

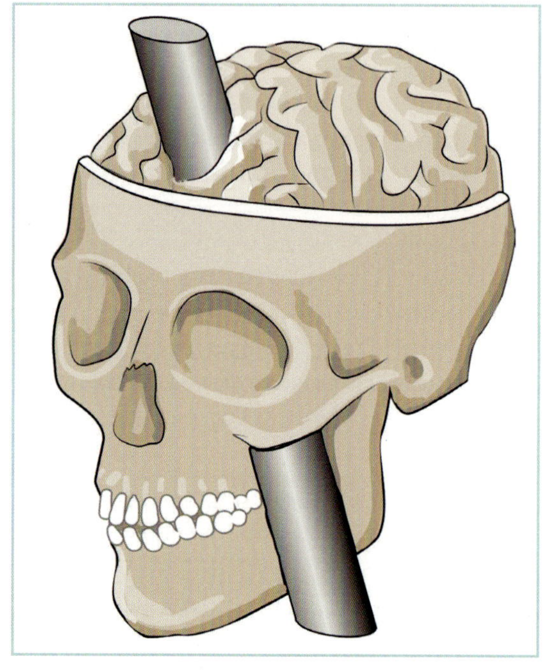

1: Die Verletzung des Eisenbahnarbeiters Phineas Gage durch eine Eisenstange

Im Jahr 1848 zog sich der Eisenbahnarbeiter Phineas Gage eine schwere Gehirnverletzung zu. Bei Sprengungen flog ihm eine Eisenstange durch den Kopf und zerstörte ihm dabei das linke Auge sowie den vorderen Teil des Großhirns (Abb. 1).

Phineas Gage überlebte den Unfall. Allerdings hatte sich sein Charakter verändert. Er reagierte schnell ungehalten und war unzuverlässig.

Regionen der Großhirnrinde

Lokale Schädigungen des Gehirns sind interessant für die Forschung, da sie Funktionen von Regionen der Großhirnrinde zeigen. Die lokalen Ausfälle können durch Unfälle oder durch Schlaganfälle verursacht werden. Bestimmten Arealen der Großhirnrinde lassen sich dadurch Funktionen zuordnen (Abb. 2). Beispielsweise ist der vordere Teil des Großhirns unter anderem wichtig für unser Sozialverhalten.
Bestimmte Areale der Großhirnrinde erfüllen spezielle Aufgaben. In der Praxis arbeiten diese Regionen eng zusammen. Während eines Gesprächs sind unter anderem die Wernicke-Region (Sprachverstehen) und die Broca-Region (Sprachmotorik) gleichzeitig aktiv (Abb. 3).

Gehirnregionen sind flexibel

Der Fall Phineas Gage zeigt, dass das Gehirn die Persönlichkeit stark beeinflusst. Die Gehirn-

2: Typische Funktionen verschiedener Areale in der Großhirnrinde

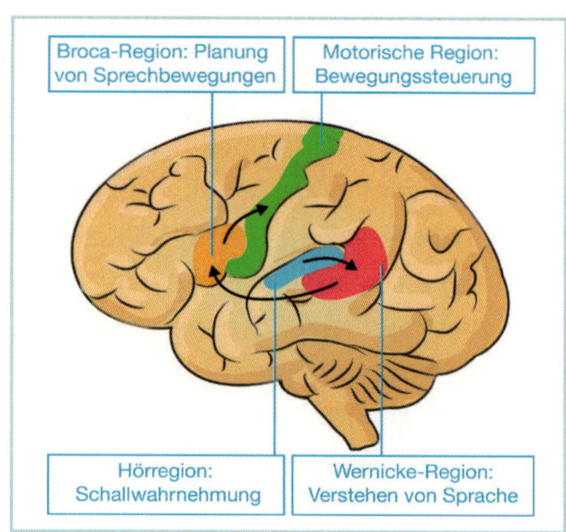

3: Aktive Gehirnregionen beim Gespräch

regionen sind aber nicht unveränderbar festgelegt. Durch Übung lassen sich manche Regionen vergrößern. Teilweise werden aber auch Funktionen eines zerstörten Gehirnbereichs allmählich von anderen Regionen übernommen. So sind Heilungsprozesse nach einer Schädigung möglich. Es gibt Beispiele, bei denen Betroffene ihr Sprachvermögen verloren haben, weil die entsprechenden Regionen auf der linken Gehirnhälfte (Abb. 3) durch einen Schlaganfall zerstört wurden. Durch mühsames Training konnte aber eine gewisse Sprachfähigkeit wieder erreicht werden. Eine Region in der rechten Gehirnhälfte, die sonst nur beim Singen aktiv war, übernahm wichtige Funktionen.

In Region für die Körperwahrnehmung (Abb. 2) entsprechen benachbarte Regionen auch benachbarten Körperregionen. Besonders sensible Regionen (zum Beispiel Mund und Finger) beanspruchen im Großhirn mehr Platz als andere (Abb. 4). Diese Regionen sind plastisch: Schon tägliche Klavierübungen über zwei Wochen hinweg bewirken eine messbare Vergrößerung in der Region für die Finger.

In der Großhirnrinde lassen sich viele Regionen für bestimmte Funktionen finden. Allerdings wurde noch keine Region für die Persönlichkeit gefunden. Dies ist auch nicht zu erwarten: Die Persönlichkeit eines Menschen ist viel zu komplex, um sich auf das Gehirn reduzieren zu lassen.

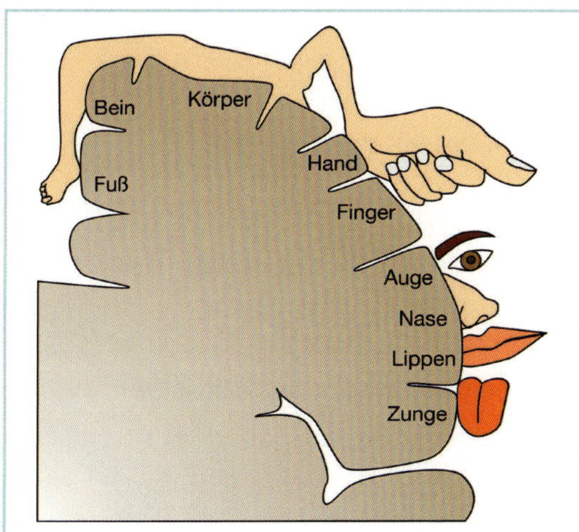

4: Beim Homunculus sind die somatosensorischen Regionen des Gehirns den entsprechenden Körperregionen zugeordnet.

ANSICHTEN UND EINSICHTEN

Gehirn, Willensfreiheit und Persönlichkeit

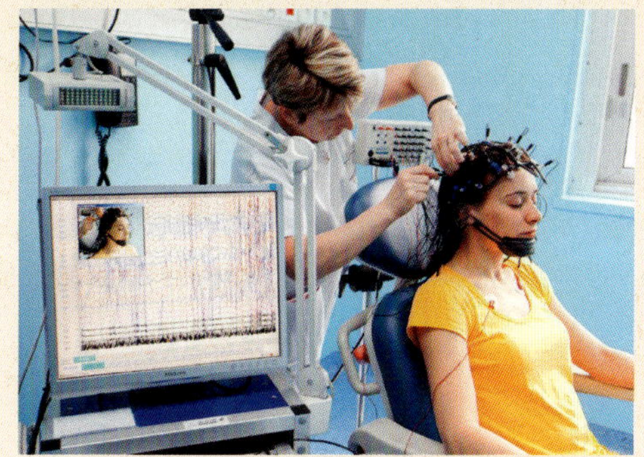

5: Bei einem Elektroenzephalogramm (EEG) wird die Gehirnaktivität anhand von Potenzialänderungen untersucht.

Schon 1964 konnten die deutschen Hirnforscher Kornhuber und Deecke im *Elektroenzephalogramm* (EEG) feststellen, dass vor einer willkürlichen Handlung ein sogenanntes Bereitschaftspotenzial auftritt. 1984 führte Benjamin Libet dazu ein viel beachtetes Experiment durch. Versuchspersonen sollten einen Knopf drücken und angeben, wann sie sich für das Drücken entschieden haben. Dazu beobachteten sie einen schnell drehenden Uhrzeiger. Im Mittel erfolgte die bewusste Entscheidung etwa 200 ms vor der Handlung. Im EEG konnte Libet das Bereitschaftspotenzial aber schon 500 ms vorher feststellen. Dies wurde teilweise so interpretiert, dass das Gehirn bereits eine Entscheidung fällt, bevor uns diese bewusst wird. Entsprechend wurde der freie Wille kritisch diskutiert.

Neuere Untersuchungen von Stefan Schmidt in der Uniklinik Freiburg, die 2016 veröffentlicht wurden, zeigen, dass ein Bereitschaftspotenzial vor einer Handlung nicht immer auftritt. Zudem konnten Personen, die in Meditation geübt waren, gezielt gegen das Bereitschaftspotenzial arbeiten und gerade dann drücken, wenn dieses nicht bestand. Vermutlich ist das Bereitschaftspotenzial nur ein Baustein der Entscheidungsfindung im Gehirn. Die Diskussion um das Libet-Experiment und den freien Willen zeigt, wie schwierig es ist, komplexe Vorgänge im Gehirn zu erforschen.

AUFGABEN

1. Erklären Sie, weshalb die Verletzungen von Phineas Gage nicht tödlich waren.
2. Begründen Sie, dass das Gehirn zwar unseren Charakter beeinflusst, aber nicht allein unsere Persönlichkeit repräsentiert.
3. Auf S. 51 sind einige Fragen aufgelistet. Versuchen Sie, diese Fragen zu beantworten. Die Informationen in diesem Kapitel helfen Ihnen dabei.

Lösungen als Download 

Alles klar?

Lösungen als Download

Mit den Aufgaben auf dieser Seite kannst du kontrollieren, ob du Zusammenhänge in der Evolution der Wirbeltiere erfasst. Die Aufgaben beziehen sich jeweils auf mehrere Kapitel des Buches.

1. Belegen Sie, dass die Erregbarkeit keine Spezialisierung, sondern grundsätzlich eine ursprüngliche Eigenschaft von Zellen ist.
2. Mehrzellige Lebewesen stammen von Einzellern ab. Erklären Sie, dass diese Tatsache ein Beleg für die ursprüngliche Erregbarkeit aller Zellen von Mehrzellern ist.
3. Erläutern Sie, inwiefern Aktionspotenziale als spezielle Weiterentwicklung der Erregbarkeit angesehen werden können.
4. Erklären Sie, dass Reize und Erregungen noch keine umfassende Information repräsentieren, sondern dass diese erst daraus konstruiert wird.
5. Nennen Sie verschiedene Möglichkeiten der Kommunikation zwischen Zellen.
6. Vergleichen Sie Hormone und Transmitter.
7. Erläutern Sie, dass für den Ablauf eines Aktionspotenzials die vorübergehende Änderung von Permeabilitäten entscheidend ist.
8. Bei vielen Sinnen beruht die Wahrnehmung im Gehirn auf der Analyse von speziellen Erregungsmustern der Sinneszellen. Beschreiben Sie Beispiele.
9. „Die Sinneszelle macht den Reiz aus." Erläutern Sie, inwiefern es von der Sinneszelle abhängt, welcher Umwelteinfluss einen Reiz darstellt.
10. „Die Sinneszelle macht keinen Sinn." Begründen Sie, dass die Art der Sinneszelle noch nicht die Art des Sinns festlegt.
11. Erläutern Sie den komplizierten Bau unseres Hörsinns mit Trommelfell, Gehörknöchelchen und Schnecke durch die Evolution der Wirbeltiere.
12. Erläutern Sie, inwiefern die Muskelzellen auf eine schnelle Reaktion nach einer Erregung spezialisiert sind.
13. Erklären Sie, dass die Netzhaut in unserem Auge (nach technischen Einsichten) nicht optimal konstruiert ist, und erklären Sie das „wenig intelligente Design" durch die Evolution.
14. Wahrnehmung findet nicht im Sinnesorgan, sondern im Gehirn statt. Erläutern Sie diese Aussage.
15. Beschreiben Sie zelluläre Grundlagen für Lernprozesse.

Glossar

Glossar als Download

Die mit Seitenverweisen versehenen Begriffe sind im Text blau markiert. Die hier erläuterten Begriffe stehen im Text kursiv.

A

adäquater Reiz → S. 21
Aktionspotenzial → S. 11
aktiver Ionentransport → S. 9
amplitudenmodulierte Codierung → S. 34
Astrozyten → S. 64
Axon → S. 13
Bereitschaftspotenzial → S. 67
Bewegungsblindheit → S. 61
Blindsehen → S. 61
Chemorezeptor → S. 16

Chemotaxis wird die gerichtete Bewegung genannt, bei der sich das Lebewesen an dem Konzentrationsgradienten eines chemischen Stoffes orientiert.

Codierung → S. 28
Dendrit → S. 13
Depolarisation → S. 11
Diastole → S. 49

Diffusion ist die selbstständig ablaufende Durchmischung von Teilchen, die durch die Molekularbewegung verursacht wird. Konzentrationsunterschiede werden durch Diffusion allmählich ausgeglichen.

Duftstoffrezeptor → S. 24

Elektroenzephalogramm ist die Aufzeichnung der summierten elektrischen Aktivität des Gehirns, wobei die Spannungsschwankungen an der Oberfläche des Kopfes gemessen werden.

elektromechanische Kopplung → S. 46
Elektrorezeptor → S. 16
Endplatte, motorische → S. 37
EPSP → S. 37
erregende Synapse → S. 29
erregendes postsynaptisches Potenzial (EPSP) → S. 37
Erregung → S. 5
Erregungsleitung, kontinuierlich → S. 33
Erregungsleitung, saltatorisch → S. 33

Fließgleichgewicht ist der Zustand von offenen Systemen, bei dem sich Ein- und Ausströme von Stoffen oder Energie die Waage halten.

Fotorezeptor → S. 16
frequenzmodulierte Codierung → S. 35
G-Protein → S. 19
gap junction → S. 36

Glaskörper: durchsichtiger Teil des Auges zwischen Linse und Netzhaut. Er besteht aus einigen Bindegewebsfasern und zu 98 % aus Wasser.

Gleichgewichtspotenzial → S. 7
Gleitfilament-Modell → S. 46
Gliazellen → S. 64

Glutamat werden die Ester und Salze der Aminosäure Glutaminsäure genannt.

Großhirn (auch Endhirn) ist der größte vordere Teil des Gehirns mit fünf Abschnitten (Stirnlappen, Scheitellappen, Hinterhauptslappen und Schläfenlappen. Unter dem Großhirn liegt das Kleinhirn.

Haarsinneszellen → S. 22
hemmende Synapse → S. 29
Hippocampus → S. 41

Hormone: Botenstoffe, die an spezifische Rezeptoren in der Zellmembran binden und in diesen Zellen bestimmte Reaktionen hervorrufen. Endokrine Hormone werden über die Blutbahn im Körper verteilt, während parakrine Hormone durch das Gewebe diffundieren.

Hyperpolarisation → S. 30
inadäquater Reiz → S. 21
inhibitorisches postsynaptisches Potenzial (IPSP) → S. 37
inverser Bau → S. 53
Ionenkanal → S. 10
Ionenkanal, ligandengesteuert → S. 30
Ionenkanal, spannungsgesteuert → S. 11
Ionentransport → S. 9
IPSP → S. 37
Kälterezeptor → S. 16
Konformationsänderung → S. 8
kontinuierliche Erregungsleitung → S. 33
Kontrastverstärkung → S. 58
Konzentrationsgradient → Konzentrationsunterschied

Konzentrationsunterschied: Er besteht, wenn sich die Konzentrationen eines Stoffs an zwei Orten unterscheiden. Zum Beispiel liegen für viele Ionen innerhalb der Zelle andere Konzentrationen vor als außerhalb. In diesem Fall trennt die Zellmembran zwei Konzentrationen. Daher ist die Bezeichnung Konzentrationsunterschied zutreffender als die Bezeichnung Konzentrationsgradient.

Kurzzeitgedächtnis: Das Kurzzeitgedächtnis (auch Arbeitsgedächtnis) kann fünf bis neun Informationseinheiten für etwa eine halbe Minute speichern.

limbisches System: Teil des Gehirns, der für Emotionen und das Gedächtnis eine wichtige Rolle spielt. Zum limbischen System gehören unter anderem der Hippocampus und der Mandelkern (Amygdala).

Mittelhirn: Teil des Hirnstamms, der auf das Kleinhirn in Richtung Rückenmark folgt. Der Hirnstamm steuert vor allem die Bewegungskoordination.

Oberflächenvergrößerung: Besondere Faltungen oder ähnliche Strukturen, die eine große Oberfläche auf kleinem Raum ergeben und oft einem besseren Stoffaustausch dienen oder Platz für membranständige Moleküle bieten.

Oligodendrozyt: ein Typ von → Gliazellen. Oligodendrozyten umwickeln Nervenzellen und bilden so die → Myelinscheiden.

Potenzialdifferenz: Allgemein ermöglicht eine Potenzialdifferenz zwischen zwei Orten die Verrichtung von Arbeit. Durch eine elektrische Potenzialdifferenz können Ladungen von einem Ort zum anderen fließen. Die elektrische Potenzialdifferenz zwischen zwei unterschiedlich geladenen Polen nennt man auch → Spannung.

primäre Sehrinde: Die primäre Sehrinde ist die erste Station in der Sehrinde des Gehirns, in der Erregungen des optischen Nerven ausgewertet werden.

Reizbarkeit: Die Eigenschaft von Lebewesen, auf Umwelteinflüsse (Reize) zu reagieren. Reizbarkeit zeigen alle Lebewesen. Es ist ein Kennzeichen des Lebendigen.

Thalamus bildet den größten Teil des Zwischenhirns. Es ist die Schaltstation zwischen den zum und vom Großhirn gehenden Erregungen, die kontrolliert und modifiziert werden.

Wie Sie mit diesem Buch arbeiten können.

Die Bücher der Reihe *Neue Wege in die Biologie* sollen dazu dienen, besonders schwierige Themen des Biologieunterrichts sinnvoll zu lernen. Im Biologieschulbuch und im Unterricht werden häufig mehr Details und umfangreichere Inhalte mitgeteilt, als Sie hier finden können. Stattdessen legen wir Wert auf Prinzipien und prägnante Zusammenhänge. Wenn Sie Strukturen und Prozesse verstehen, werden Sie auch Einzelheiten besser einordnen und leichter lernen können als zuvor.
Wir möchten, dass Sie die Inhalte nicht für den nächsten Test auswendig lernen, sondern sie verstehen.

Für diesen Zweck ist jedes Buch dieser Reihe wie folgt aufgebaut:

- **Kapiteleinstieg:** Jedes Kapitel beginnt mit einer Doppelseite, auf der links themenrelevante Bilder und rechts wichtige Fragen aufgelistet sind, die vor allem Alltagserfahrungen oder auch nicht geklärte Informationen aus Unterricht und Medien ansprechen. Nach dem Durcharbeiten des Kapitels sollten Sie diese Fragen einer jüngeren Schülerin oder einem jüngeren Schüler verständlich beantworten können. Erst wenn man etwas einfach erklären kann, hat man es richtig verstanden!
- **Kernaussage:** Über den folgenden Doppelseiten steht ein Satz als Überschrift, der die zentrale Aussage der Doppelseite vermittelt. Sie können beim Durcharbeiten der Seiten jeweils für sich prüfen, was die einzelnen Absätze zu dieser Kernaussage beitragen.
- **Text:** Die Texte der Seiten sind so gegliedert, dass sie die Übersicht und das Weiterdenken zum Thema erleichtern. Durch Seitenverweise werden Sie auf weiterführende Informationen hingewiesen. Die zweite Doppelseite eines jeden Kapitels gibt Ihnen mit den Fragen der Unterüberschriften und den zahlreichen Seitenverweisen eine **Einführung** in das Kapitelthema.
- **Kasten: In der Buchreihe** *Neue Wege in die Biologie* können einige Begriffe und Fachwörter vielfach von denen in Schulbüchern abweichen. Diese Abweichungen sollen das Lernen erleichtern, indem sie zutreffende fachliche Vorstellungen deutlicher vermitteln, als das sonst der Fall ist.
  Um Abweichungen zu verdeutlichen und einsehbar zu machen, dienen zwei Sorten von Kästen:
  In den Kästen **Wörter** und **Begriffe** werden meistens mehrere Fachwörter für denselben Sachverhalt behandelt und dabei solche Wörter herausgestellt, die den Sachverhalt möglichst zutreffend angeben und damit das Lernen erleichtern. Die anderen aufgeführten Fachwörter werden oft in Schulbüchern verwendet. Hier wird geklärt, wie sie fachlich richtig zu verstehen sind.
  In den Kästen **Ansichten und Einsichten** werden verbreitete (häufig nur halbwegs oder nicht zutreffende) Ansichten zu einem Sachverhalt aufgegriffen und gezeigt, was fachlich damit gemeint ist. Zuweilen wird eine ältere Ansicht neuen Einsichten gegenübergestellt.
- **Aufgaben:** Die Aufgaben auf den Seiten sind so gestellt, dass Sie mit ihnen Ihr Verständnis über den Inhalt der Seiten überprüfen können. Am Ende des Buches finden Sie mit der Überschrift „Alles klar?" Aufgaben, die die Kapitel übergreifen. Mit diesen können Sie überprüfen, ob Sie Zusammenhänge zutreffend erfassen. Mit dem Zahlen-Code können Sie die vorgeschlagenen Lösungen abrufen.
- **Glossar:** Das Glossar am Schluss des Buches hilft, Definitionen und Umschreibungen von Begriffen im Buch wiederzufinden. Es ersetzt so ein Stichwortverzeichnis. Einige Begriffe, deren Definitionen im Kapiteltext zu weit vom Gedankengang wegführen würden, sind im Glossar definiert oder umschrieben. Das Glossar wird durch Folgebände der Reihe fortlaufend erweitert und digital mit dem Zahlen-Code bereitgestellt.

Nicht zuletzt möchten wir, dass durch *Neue Wege in die Biologie* das Lernen der Biologie Freude bereitet: Wenn Sie nach dem Überwinden mancher Schwierigkeit zu erhellenden Einsichten kommen, werden Sie dies erfahren! Zuweilen werden Sie Ihre Lehrerin oder Ihren Lehrer mit den gewonnenen Einsichten sogar überraschen können.

Bildnachweise

Grafiken:
S.: 5–13, 17–25, 28–38, 40, 44–46, 48–49, 52–67: © Alexander Maier
S. 20: Friedrich-Verlag (Spektrum)

Bilder:
S. 2: © Ulrich Kattmann (Hummel), © Beth Ruggiero-York/Shutterstock.com (Fledermaus), © alphaspirit/Shutterstock.com (Fußball), © fewerton/Shutterstock.com (Grubenotter), © Eugene Onischenko/Shutterstock.com (Beachvolleyball)
S. 14: © Ulrich Kattmann (Hai), Tomfry/stock.adobe.com (Highline), © Artem Varnitsin/stock.adobe.com (Frau), © Pixel-Shot /stock.adobe.com (Kind)
S. 16: © Wire_man/stock.adobe.com (Euglena), © Choksawatdikorn/Shutterstock.com (Pantoffeltierchen)
S. 17: © Alexander Maier (Sonnenblume)
S. 19: © julenochek/stock.adobe.com (Reiz Zitrone)
S. 20: © Alexander Maier (Pupille)
S. 21: © Ulrich Kattmann (Blüte)
S. 26: © fizkes/stock.adobe.com (junge Menschen), © tilialucida/stock.adobe.com (Oszillograph), © Superingo /stock.adobe.com (Herdplatte), © Science Photo Library/Alamy Stock Photo (synaptischer Spalt)
S. 28: © MPIX.TURE/stock.adobe.com (Kniesehnenreflex)
S. 29: © ktsdesign/stock.adobe.com (Zellfortsätze)
S. 41: © U. Valentin Nägerl & Tobias Bonhoeffer, Max-Planck-Institut für Neurobiologie, Martinsried (Dendriten)
S. 42: © Jenny Sturm/stock.adobe.com (Sprinter), © JosLuis/stock.adobe.com (Herzmuskelzelle), © Klaus Eppele/stock.adobe.com (EKG), © Jens Kattmann (Mädchen)
S. 45: © micro_photo/stock.adobe.com (Amöben)
S. 50: © Satjawat/stock.adobe.com (junge Frau), © memorisz/stock.adobe.com (Retina), © Vasyl/stock.adobe.com (Augenmessung), © Jiri Hera/stock.adobe.com (Kamera)
S. 52: © Eric Isselée/stock.adobe.com
S. 62: © Ulrich Kattmann (Animationen optische Täuschungen), © Alexander Maier (Fotos optische Effekte, Steinmauer), © makc76/stock.adobe.com (Umkippbild), © Dieter Plappert (Video, Gegenstände im Dunkeln)
S. 67: © Phanie/Alamy Stock Photo